바른 인성의 길잡이

사자소학 쓰기

초판 발행	2011년 03월 21일
초판 9쇄	2021년 03월 15일
편저	바른한자사용연구회
발행인	이진곤
발행처	씨앤톡
등록일자	2003년 5월 22일
등록번호	제 313-2003-00192호
ISBN	978-89-6098-133-1 (13710)
주소	경기도 파주시 문발로 405 제2출판단지 활자마을
홈페이지	www.scentalk.co.kr
전화	02-338-0092
팩스	02-338-0097

ⓒ2011, 바른한자사용연구회

본 책은 저작권법에 의해 보호를 받는 저작물이므로 무단 전재와 복제를 금합니다.

바른 인성의 길잡이

사자소학 쓰기

바른한자사용연구회 편저

차례

사자소학 일러두기 ∷ 5

한자의 쓰기순서(筆順) ∷ 6

四字小學 쓰기 ∷ 7

부록 ∷ 145

　① 같은 뜻을 가진 글자끼리 모여서 된 말【同義結合語】

　② 반대의 뜻을 가진 글자를 합친 말【反義結合語】

　③ 서로 상대 되는 말【相對語】

　④ 같은 뜻과 비슷한 뜻을 가진 말【同義語, 類義語】

사자소학 일러두기
四 字 小 學

사자소학(四字小學)은 중국 송(宋)나라 때의 유자징(劉子澄)이란 사람의 가르침을 모아 저술된 어린이들의 교훈서다. 부모님께 효도하고 형제간에 우애하며 스승을 존경하고 어른을 공경하며 유익한 친구를 사귀는 방법 등 가정에서나 서당에서 학동들에게 천자문에 앞서 가장 먼저 읽혀지던 것으로 올바르고 참된 인성을 기르는 도덕교육의 지침서로 손꼽히는 책이다.

사자 소학은 960자로 된 것과 1104자로 된 것 두 가지가 있는데 이 책은 그 후자임을 밝혀 둔다. 자라나는 어린이들과 청소년들의 정서 함양을 위해서 가정에서나 학교에서 읽혀지기를 바라며 《《사자소학 쓰기》》를 펴낸다.

漢字의 쓰기순서(筆順)

❶ 위부터 아래로 쓴다.[상하구조]

三 석 삼   一 二 三

❷ 왼쪽에서 오른쪽으로 쓴다.[좌우구조]

校 학교 교   校 校 校 校 校 校 校 校 校 校

❸ 가로획과 세로획이 서로 만날 때는 가로획을 먼저 쓴다.

十 열 십   一 十

❹ 삐침(丿)과 파임(乀)이 만날 때는 삐침을 먼저 쓴다.

文 글월 문   文 文 文 文

❺ 좌우 대칭인 경우에는 가운데를 먼저 쓰고 왼쪽, 오른쪽 순서로 쓴다.

小 작을 소   小 小 小

❻ 안과 바깥쪽이 있을 때는 바깥쪽을 먼저 쓴다.[내외구조]

同 한가지 동   同 同 同 同 同 同

❼ 글자 전체를 꿰뚫는 세로획은 나중에 쓴다.

車 수레 거   車 車 車 車 車 車 車

❽ 오른쪽 위의 점은 나중에 쓴다.

代 대신할 대   代 代 代 代 代

❾ 받침은 2종류인데 '題'는 받침을 먼저 쓰고, '近'은 받침을 나중에 쓴다.

題 제목 제   題 題 題 題 題 題 題 題 題 題 題

近 가까울 근   近 近 近 近 近 近 近 近

★ 이상의 9가지 원칙을 염두에 두고 쓰기 연습을 하면 한자를 바르고 쉽게 쓸 수 있다.

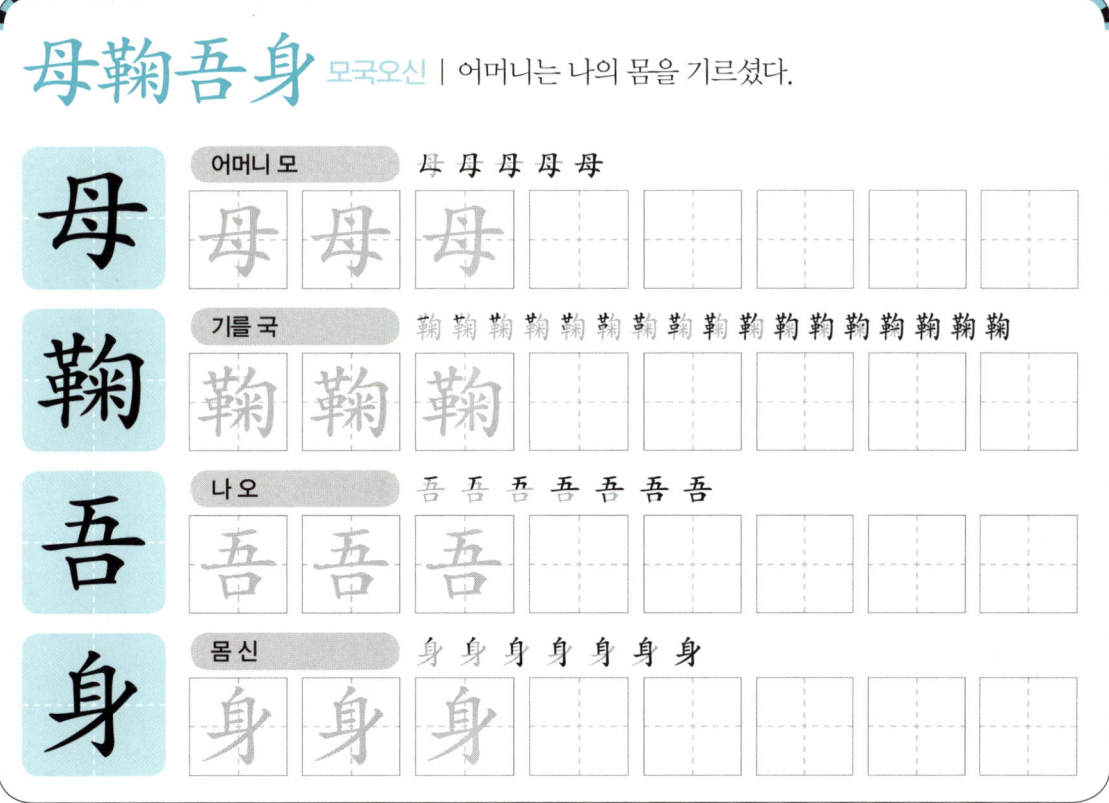

腹以懷我 복이회아 | 어머니는 뱃속에 나를 품으시고

- 배 복: 腹
- 써 이: 以
- 품을 회: 懷
- 나 아: 我

乳以哺我 유이포아 | 낳으신 후에는 나에게 젖을 먹여 기르셨다.

- 젖 유: 乳
- 써 이: 以
- 먹일 포: 哺
- 나 아: 我

以衣溫我 이의온아 | 옷을 입혀 나를 따뜻하게 하셨고

- 써 이: 以 以 以 以 以
- 옷 의: 衣 衣 衣 衣 衣 衣
- 따뜻할 온: 溫 溫 溫 溫 溫 溫 溫 溫 溫 溫 溫 溫 溫
- 나 아: 我 我 我 我 我 我

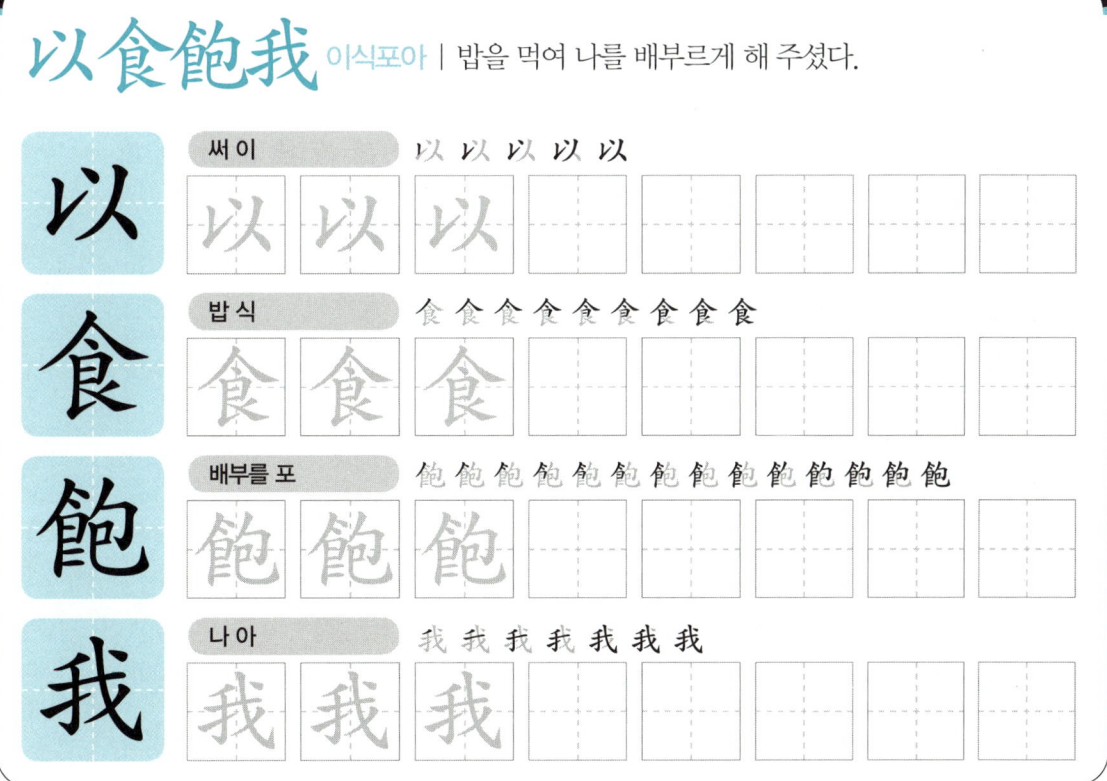

以食飽我 이식포아 | 밥을 먹여 나를 배부르게 해 주셨다.

- 써 이: 以 以 以 以 以
- 밥 식: 食 食 食 食 食 食 食 食 食
- 배부를 포: 飽 飽 飽 飽 飽 飽 飽 飽 飽 飽 飽 飽
- 나 아: 我 我 我 我 我 我

恩高如天 은고여천 | 그 은혜는 하늘과 같이 높고

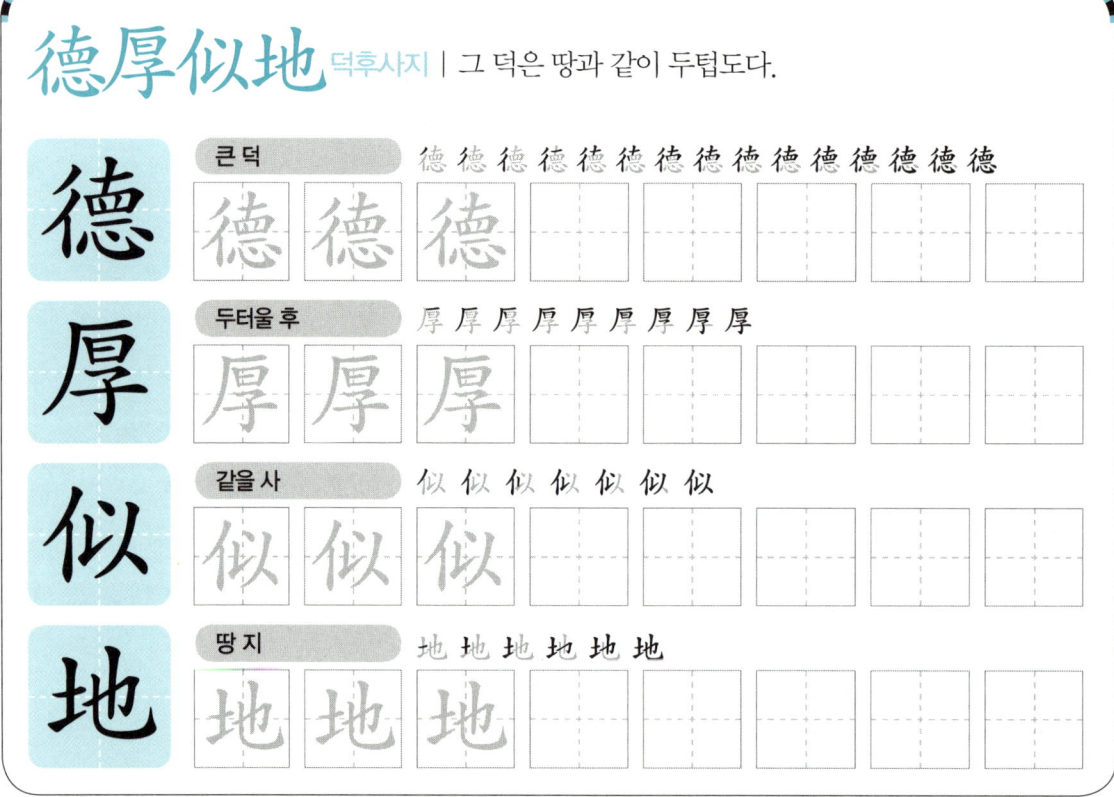

德厚似地 덕후사지 | 그 덕은 땅과 같이 두텁도다.

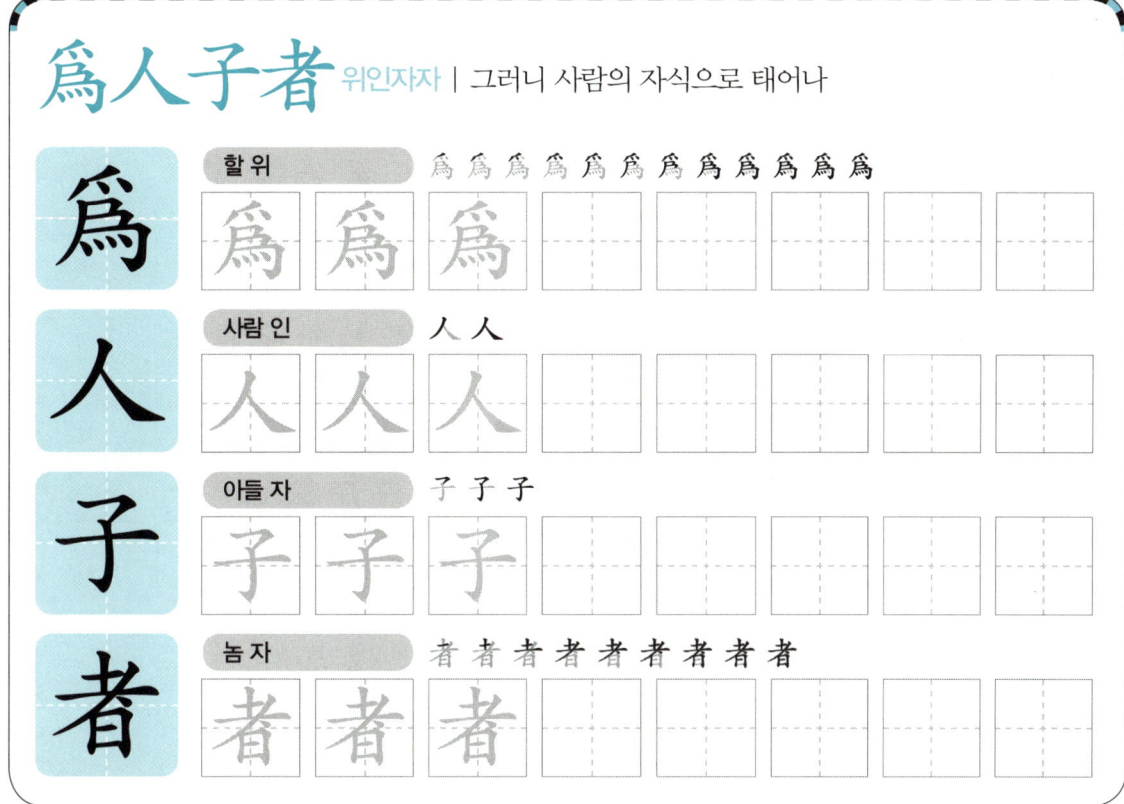

爲人子者 위인자자 | 그러니 사람의 자식으로 태어나

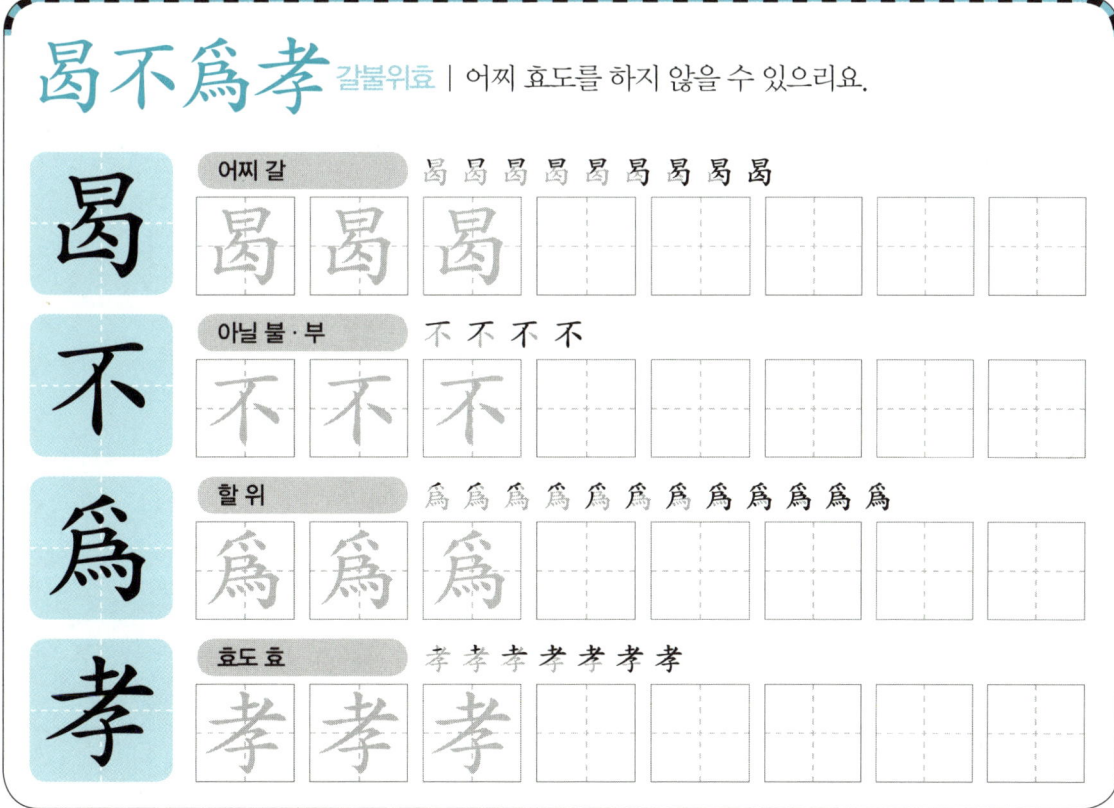

曷不爲孝 갈불위효 | 어찌 효도를 하지 않을 수 있으리요.

欲報深恩 욕보심은 | 그 깊은 은혜를 갚고자는 하였으나

欲 하고자할 욕 — 欲 欲 欲 欲 欲 欲 欲 欲 欲 欲

報 갚을 보 — 報 報 報 報 報 報 報 報 報 報

深 깊을 심 — 深 深 深 深 深 深 深 深 深 深

恩 은혜 은 — 恩 恩 恩 恩 恩 恩 恩 恩 恩

昊天罔極 호천망극 | 하늘처럼 넓고 끝이 없도다.

昊 하늘 호 — 昊 昊 昊 昊 昊 昊 昊 昊

天 하늘 천 — 天 天 天 天

罔 없을 망 — 罔 罔 罔 罔 罔 罔 罔 罔

極 다할 극 — 極 極 極 極 極 極 極 極 極 極 極

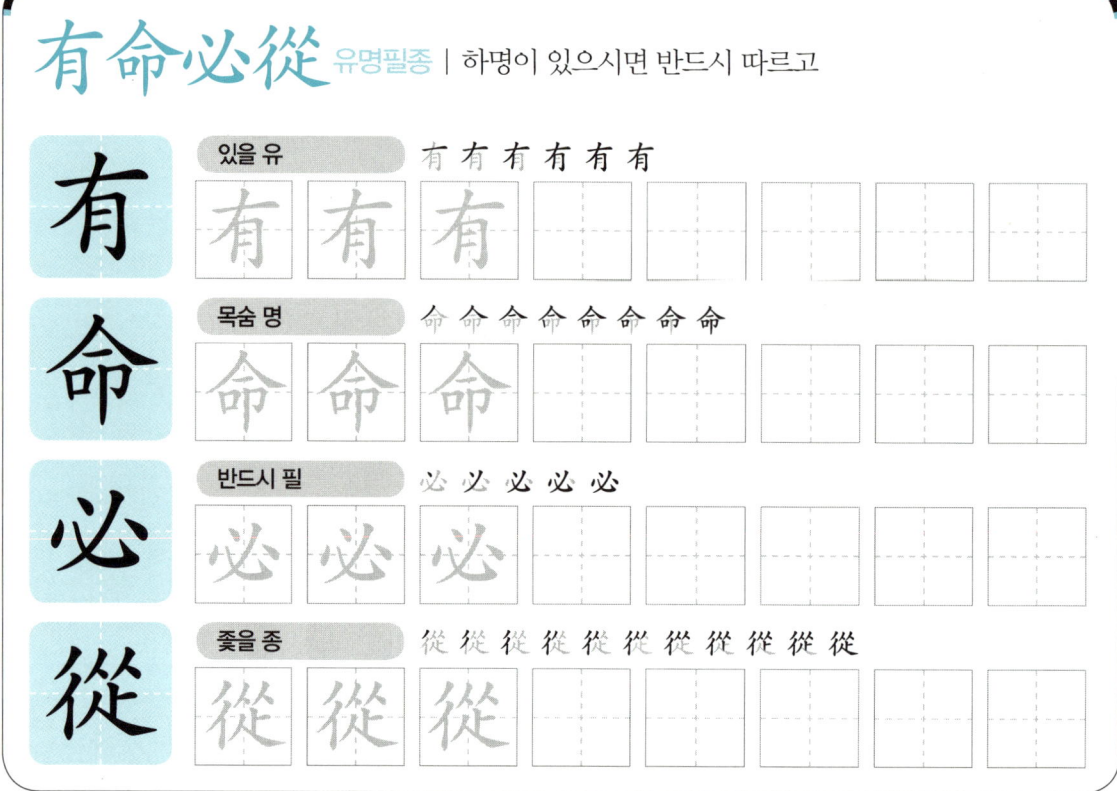

侍坐親前 시좌친전 | 부모님을 모시고 그 앞에 앉아 있을 때에는

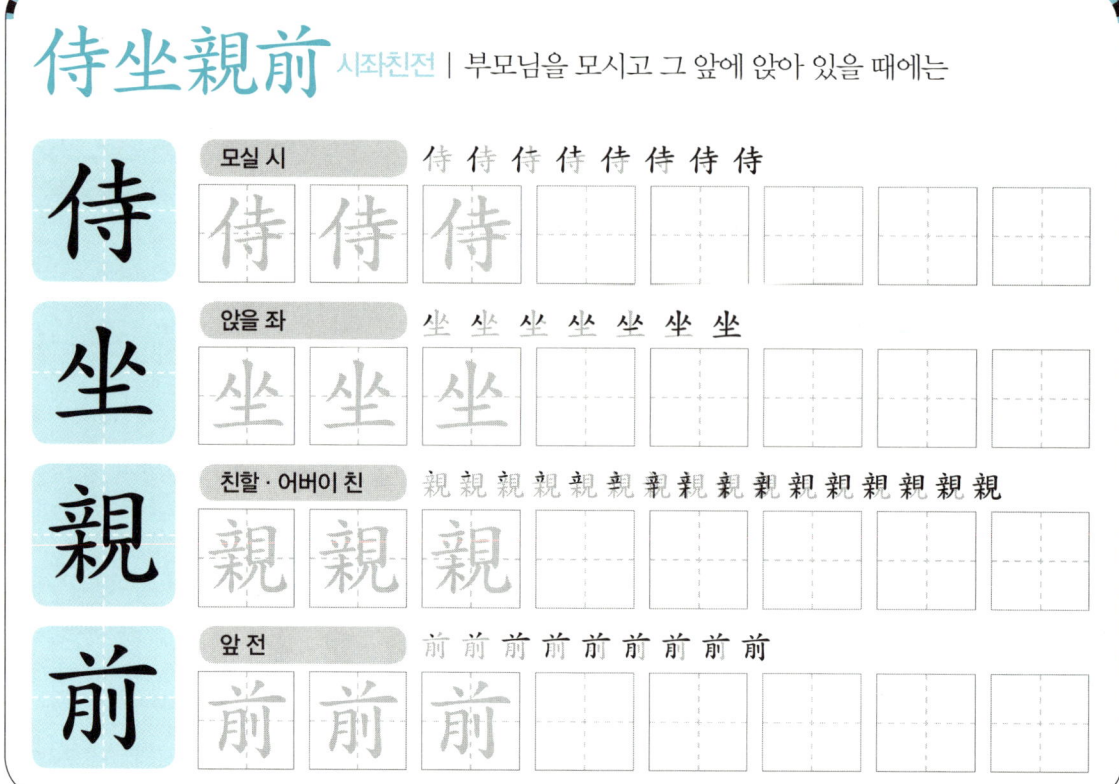

勿踞勿臥 물거물와 | 걸터 앉거나, 눕지 말아야 한다.

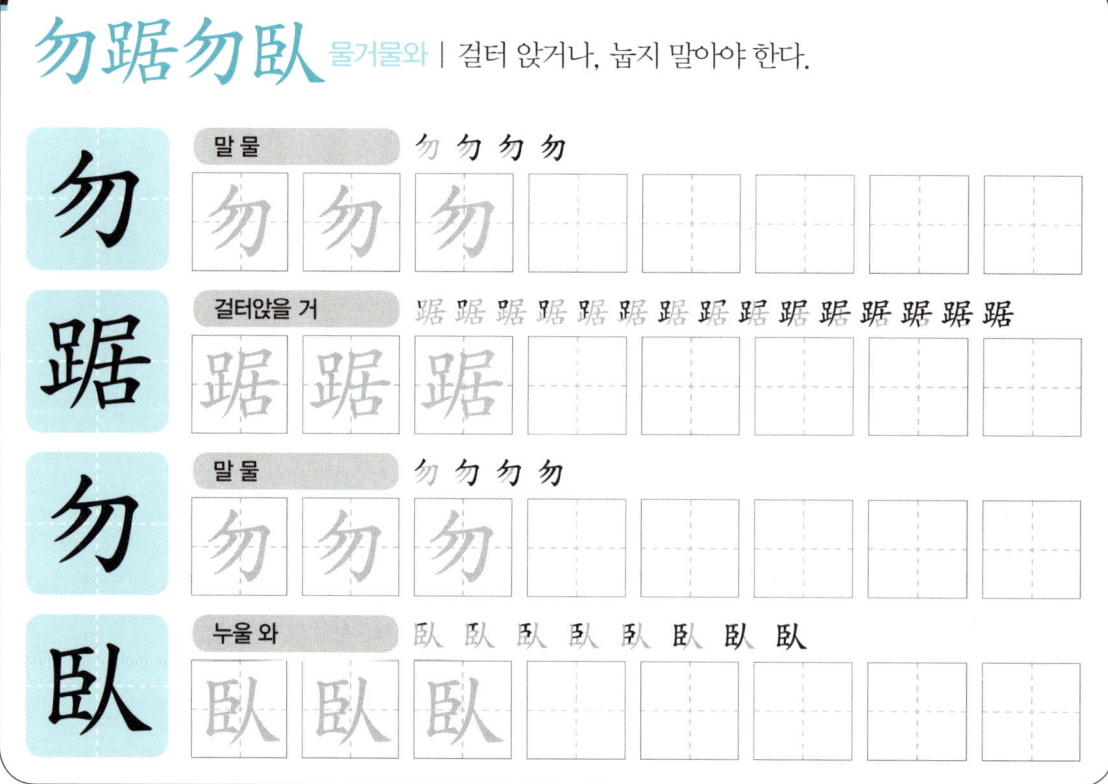

侍坐親側 시좌친측 | 부모님을 모시고 그 옆에 앉아 있을 때에는

侍 모실 시 — 侍 侍 侍 侍 侍 侍 侍

坐 앉을 좌 — 坐 坐 坐 坐 坐 坐 坐

親 친할·어버이 친 — 親 親 親 親 親 親 親 親 親 親 親 親 親

側 곁 측 — 側 側 側 側 側 側 側 側 側

勿怒責人 물노책인 | 화내지 말고 남을 꾸짖지 마라.

勿 말 물 — 勿 勿 勿 勿

怒 성낼 노 — 怒 怒 怒 怒 怒 怒 怒 怒 怒

責 꾸짖을 책 — 責 責 責 責 責 責 責 責 責

人 사람 인 — 人 人

父母出入 부모출입 | 부모님께서 나가시거나 들어오실 때에는

- 아버지 부: 父
- 어머니 모: 母
- 날 출: 出
- 들 입: 入

每必起立 매필기립 | 그때마다 반드시 일어나서 인사를 드려야 한다.

- 매양 매: 每
- 반드시 필: 必
- 일어날 기: 起
- 설 립: 立

勿立門中 물립문중 | 방문 가운데 서 있지 말고

말 물	勿 勿 勿 勿
설 립	立 立 立 立 立
문 문	門 門 門 門 門 門 門
가운데 중	中 中 中 中

勿坐房中 물좌방중 | 방 한가운데 앉아 있지도 마라.

말 물	勿 勿 勿 勿
앉을 좌	坐 坐 坐 坐 坐 坐 坐
방 방	房 房 房 房 房 房 房 房
가운데 중	中 中 中 中

出入門戶 출입문호 | 문을 나가고 들어올 때는

出 날 출 — 出 出 出 出 出

入 들 입 — 入 入

門 문 문 — 門 門 門 門 門 門 門 門

戶 집 호 — 戶 戶 戶 戶

開閉必恭 개폐필공 | 열고 닫는 것을 반드시 공손히 하여라.

開 열 개 — 開 開 開 開 開 開 開 開 開 開 開 開

閉 닫을 폐 — 閉 閉 閉 閉 閉 閉 閉 閉 閉 閉 閉

必 반드시 필 — 必 必 必 必 必

恭 공손할 공 — 恭 恭 恭 恭 恭 恭 恭 恭 恭 恭

須勿大唾 수물대타 | 모름지기 큰 소리를 내어 침을 뱉지 말 것이며

亦勿弘言 역물홍언 | 또한 큰 소리로 말하지 말아야 한다.

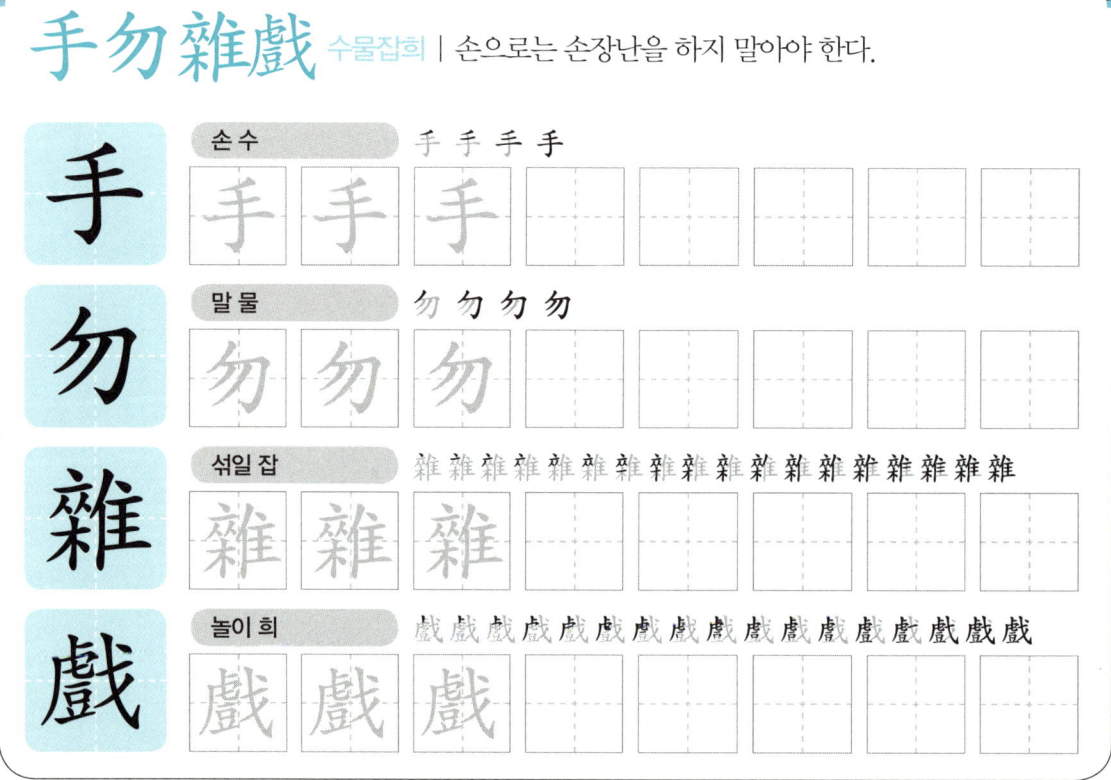

行勿慢步 행물만보 | 다닐 때에는 거만하게 걷지 말고

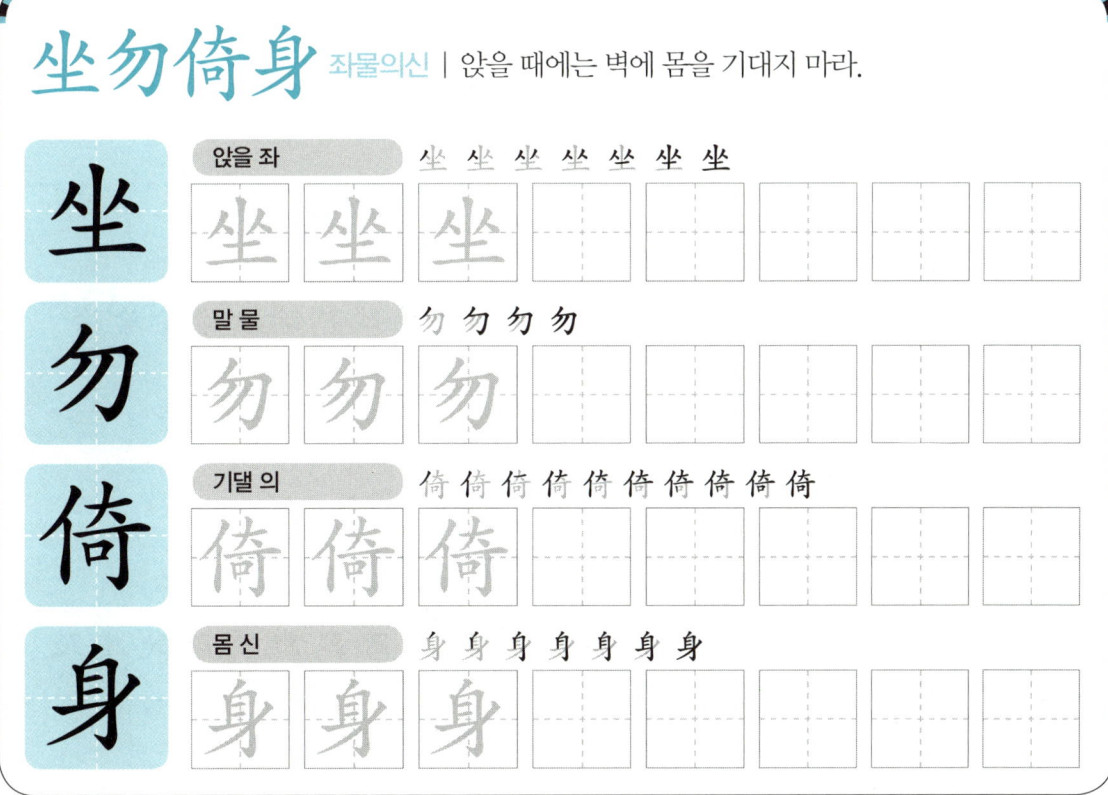

坐勿倚身 좌물의신 | 앉을 때에는 벽에 몸을 기대지 마라.

父母衣服 부모의복 | 부모님의 의복을

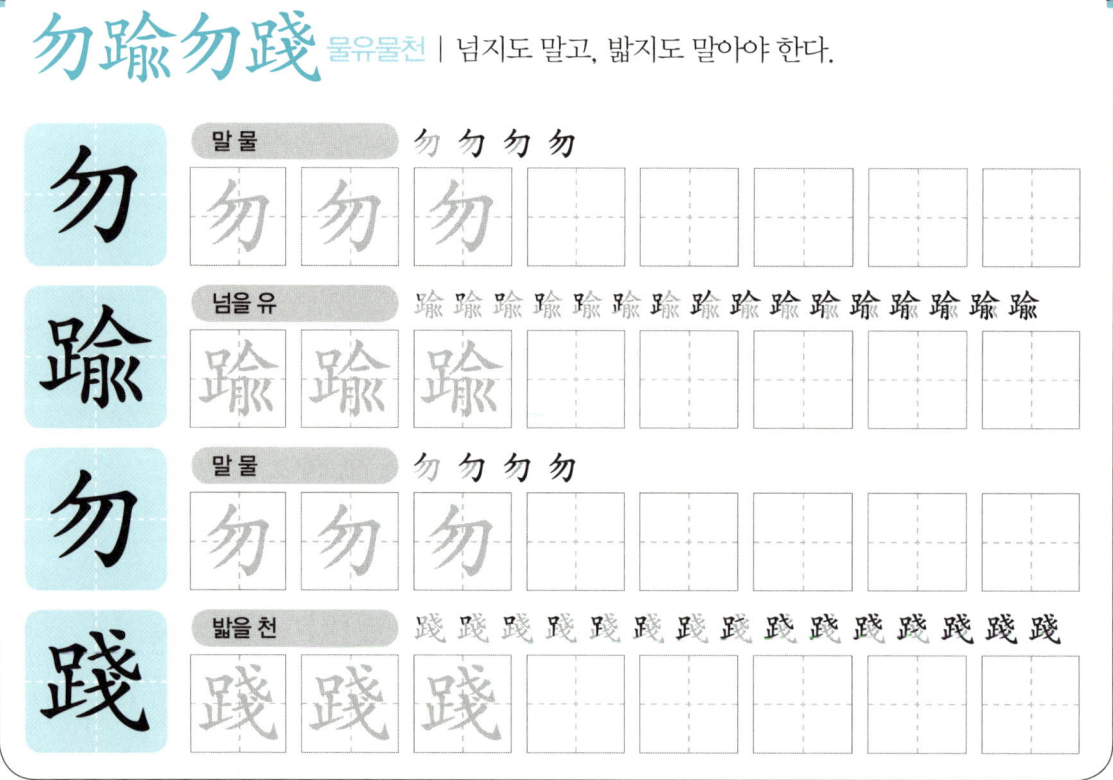

勿踰勿踐 물유물천 | 넘지도 말고, 밟지도 말아야 한다.

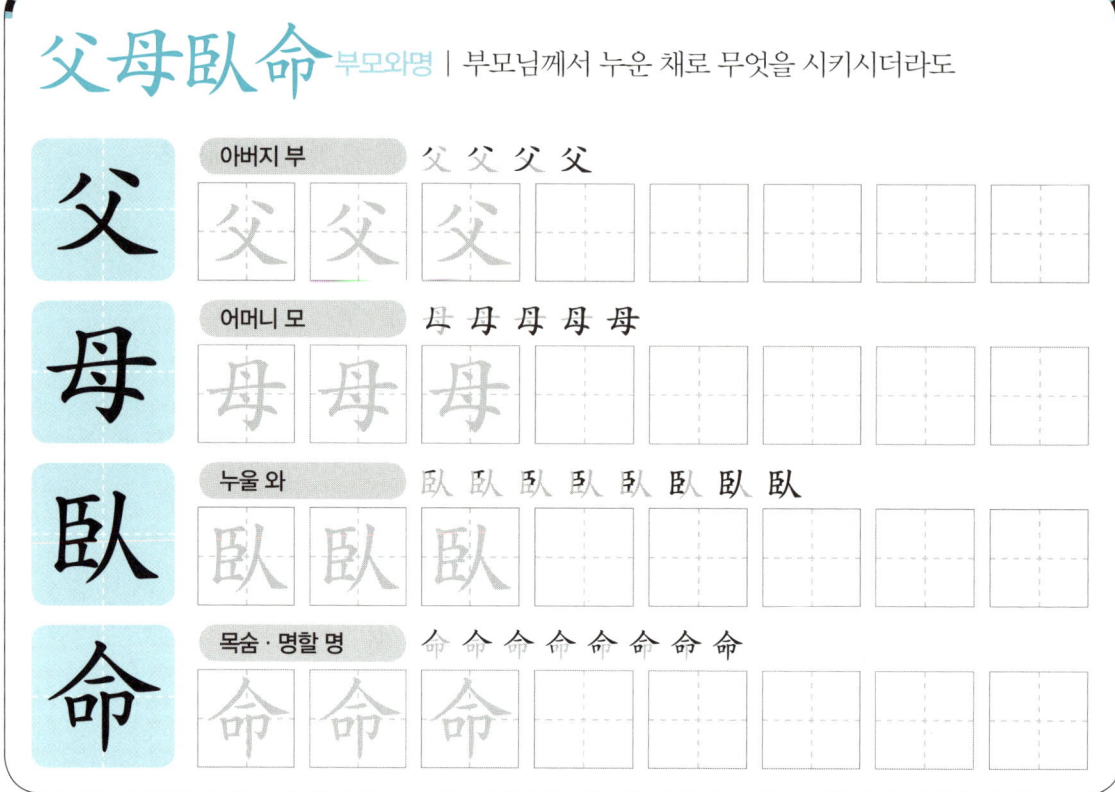

父母臥命 부모와명 | 부모님께서 누운 채로 무엇을 시키시더라도

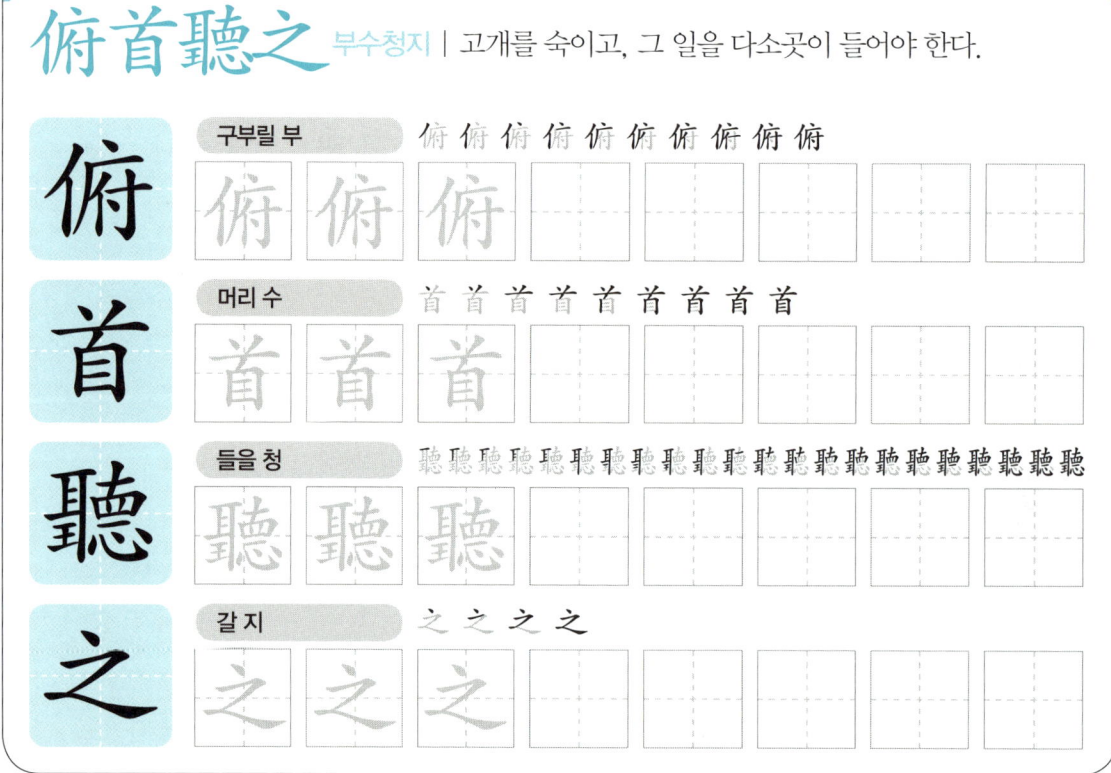

俯首聽之 부수청지 | 고개를 숙이고, 그 일을 다소곳이 들어야 한다.

鷄鳴而起 계명이기 | 새벽 닭이 울면 일어나

- 닭 계: 鷄
- 울 명: 鳴
- 말이을 이: 而
- 일어날 기: 起

必盥必漱 필관필수 | 반드시 세수하고, 반드시 양치질을 해야 한다.

- 반드시 필: 必
- 씻을 관: 盥
- 반드시 필: 必
- 양치질 수: 漱

晨必先起 신필선기 | 새벽에는 반드시 부모님보다 먼저 일어나고

- 새벽 신: 晨
- 반드시 필: 必
- 먼저 선: 先
- 일어날 기: 起

暮須後寢 모수후침 | 밤에는 모름지기 부모님께서 잠드신 후에 자야 한다.

- 저물 모: 暮
- 모름지기 수: 須
- 뒤 후: 後
- 잠잘 침: 寢

父母有病 부모유병 | 부모님께서 병환(病患) 중에 있으시거든

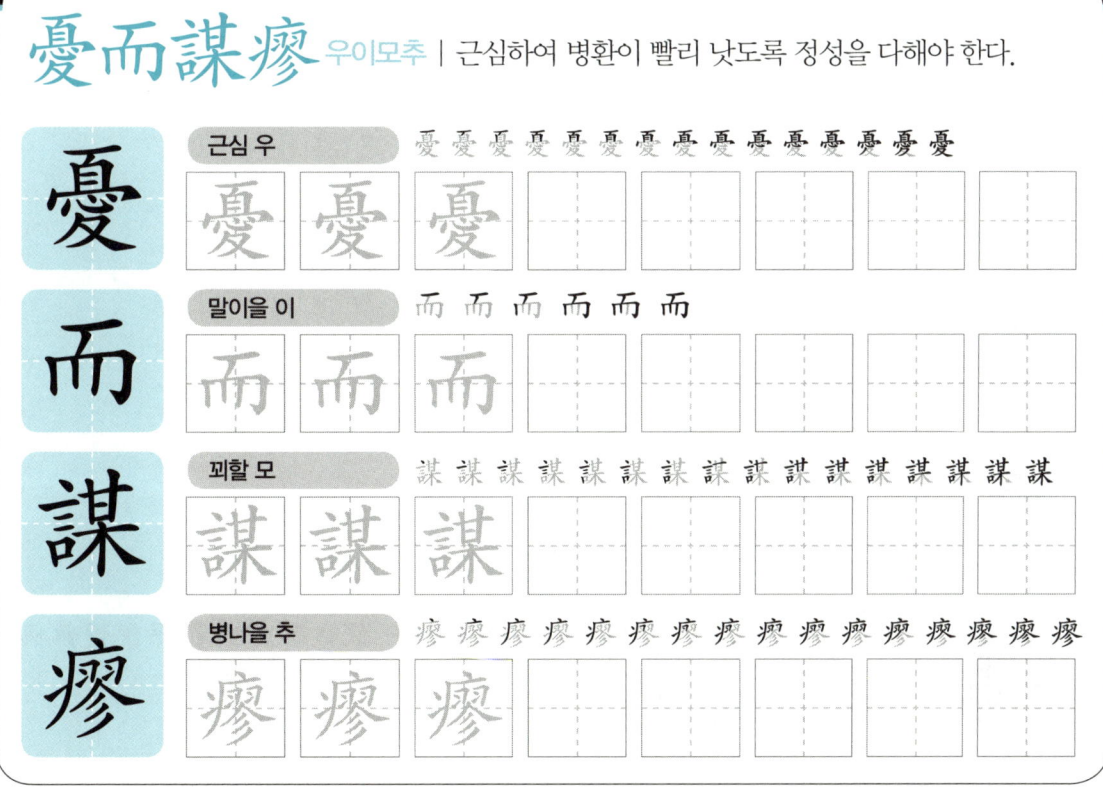

憂而謀瘳 우이모추 | 근심하여 병환이 빨리 낫도록 정성을 다해야 한다.

父母不食 부모불식 | 부모님께서 밥을 잡수시지 않을 때에는

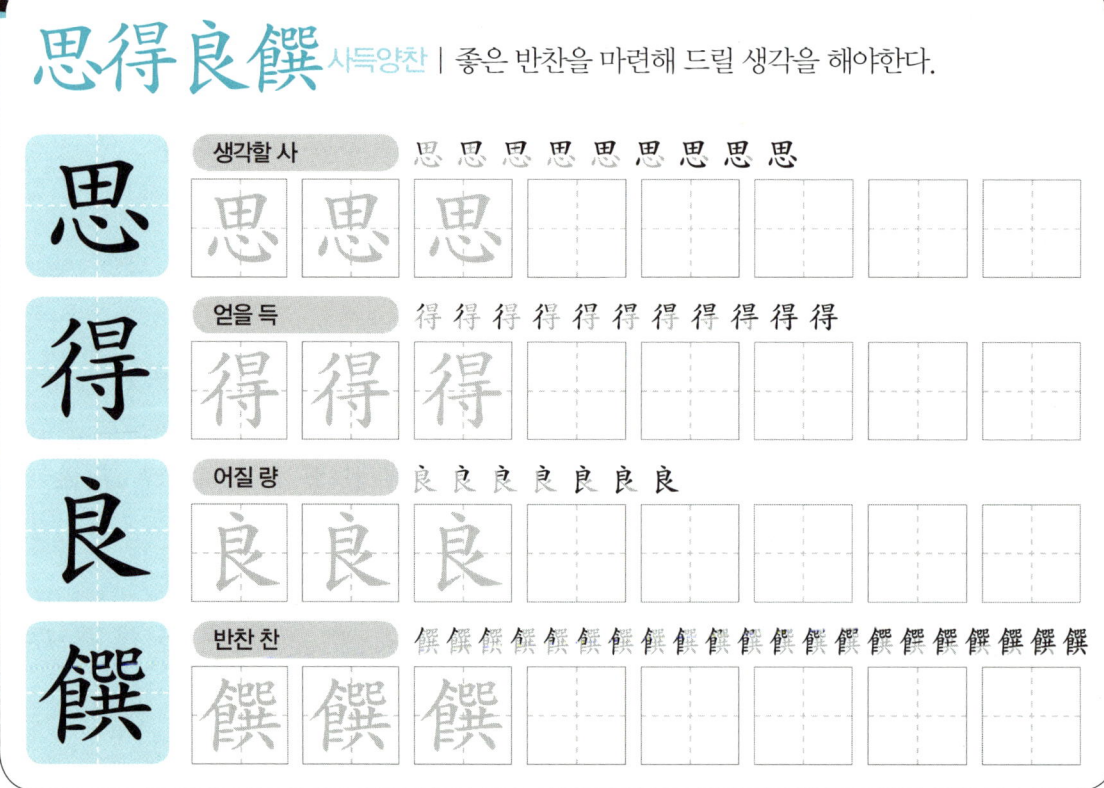

思得良饌 사득양찬 | 좋은 반찬을 마련해 드릴 생각을 해야한다.

飮食親前 음식친전 | 부모님 앞에서 음식을 먹을 때에는

- 마실 음: 飮
- 밥·먹을 식: 食
- 친할·어버이 친: 親
- 앞 전: 前

毋出器聲 무출기성 | 그릇 소리가 나지 않도록 하여야 한다.

- 말 무: 毋
- 날 출: 出
- 그릇 기: 器
- 소리 성: 聲

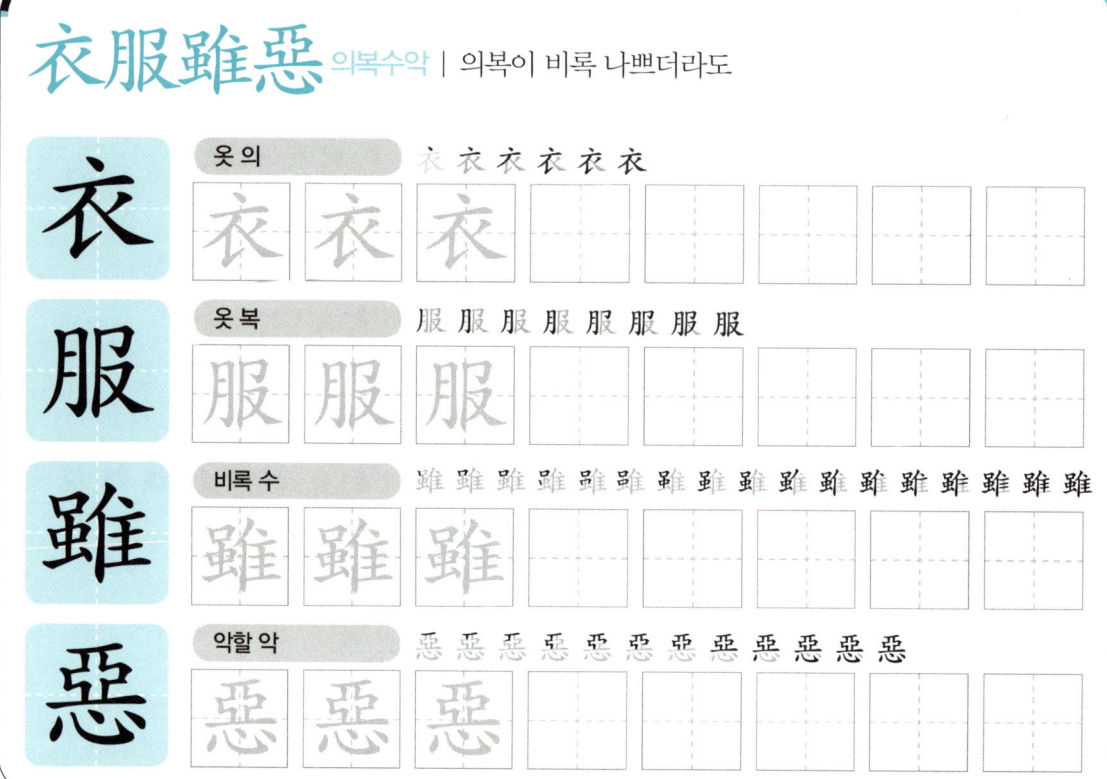

衣服雖惡 의복수악 | 의복이 비록 나쁘더라도

- 옷 의
- 옷 복
- 비록 수
- 악할 악

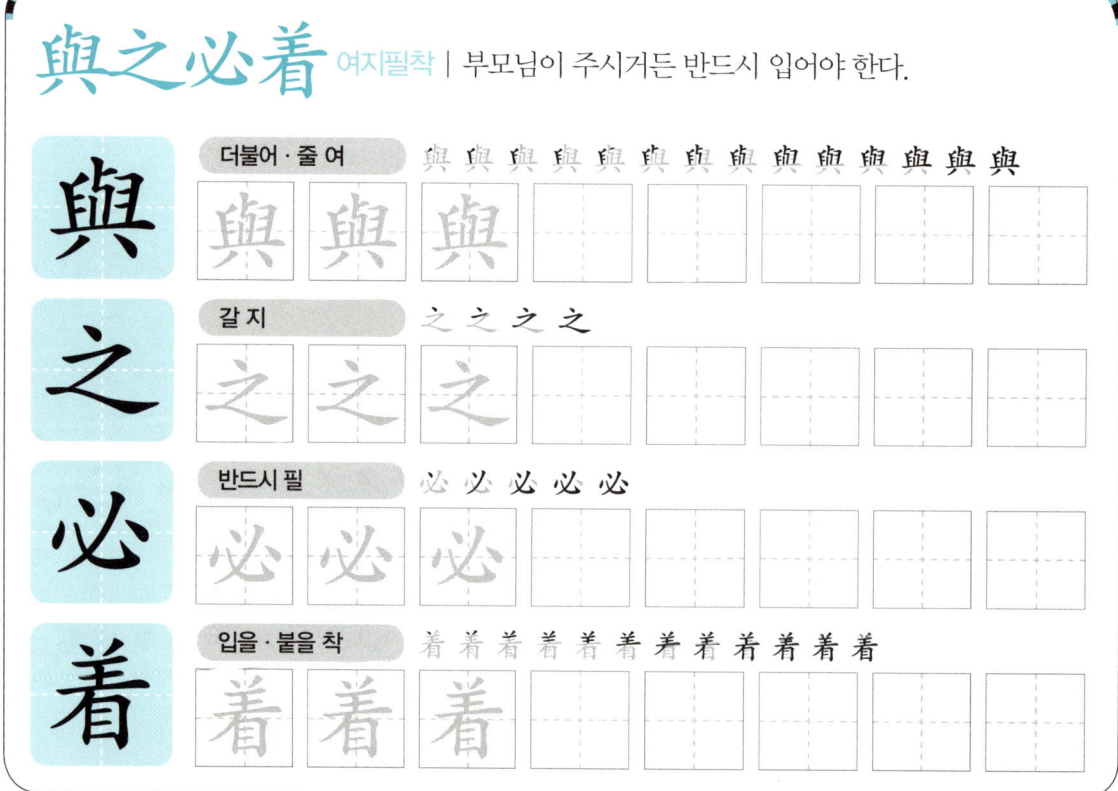

與之必着 여지필착 | 부모님이 주시거든 반드시 입어야 한다.

- 더불어·줄 여
- 갈 지
- 반드시 필
- 입을·붙을 착

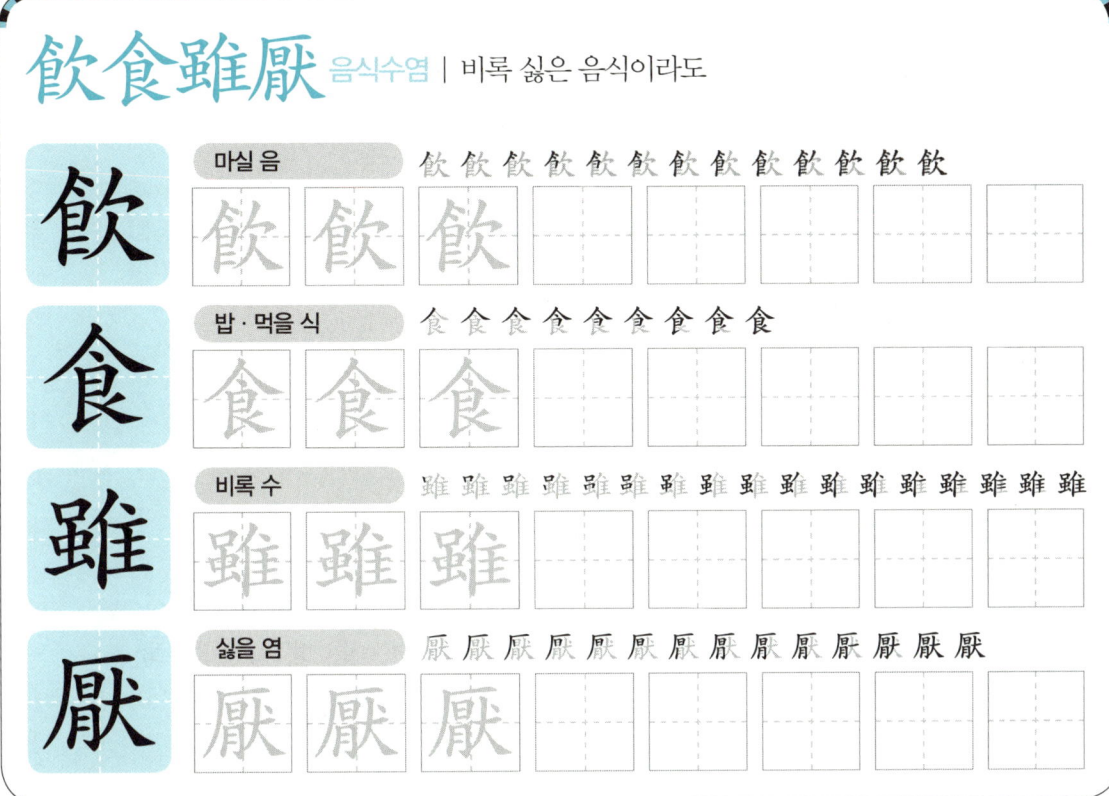

飮食雖厭 음식수염 | 비록 싫은 음식이라도

- 마실 음
- 밥·먹을 식
- 비록 수
- 싫을 염

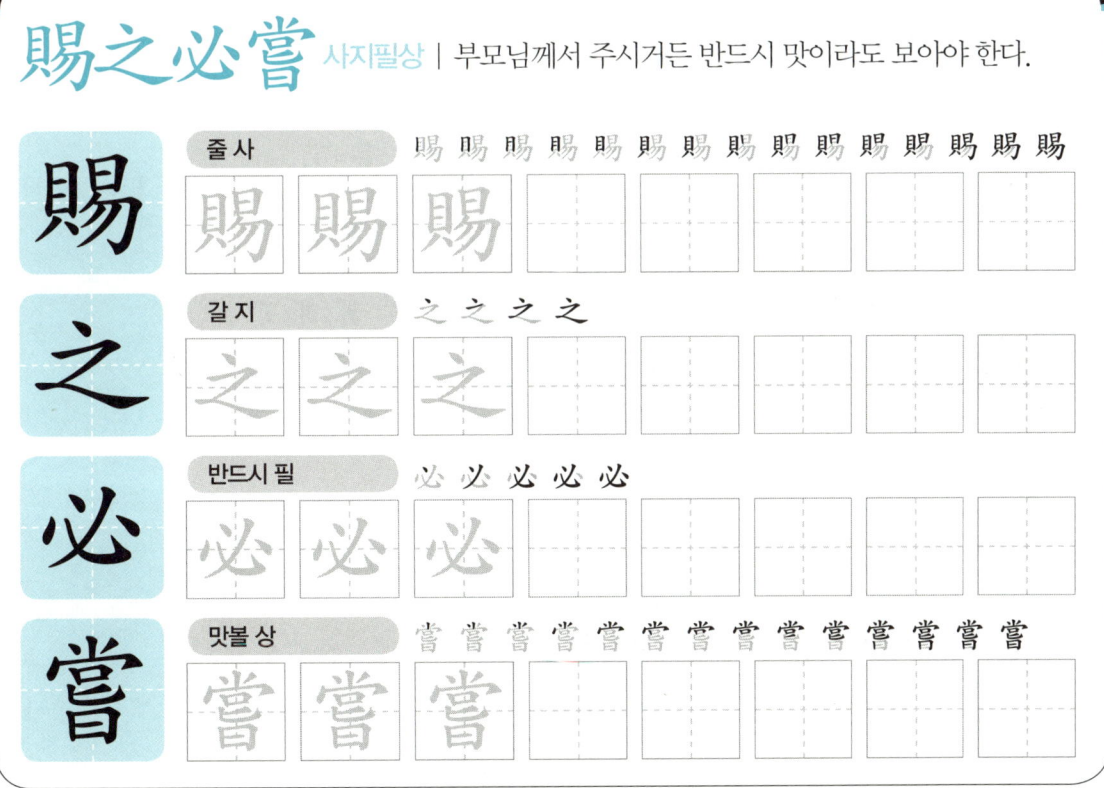

賜之必嘗 사지필상 | 부모님께서 주시거든 반드시 맛이라도 보아야 한다.

- 줄 사
- 갈 지
- 반드시 필
- 맛볼 상

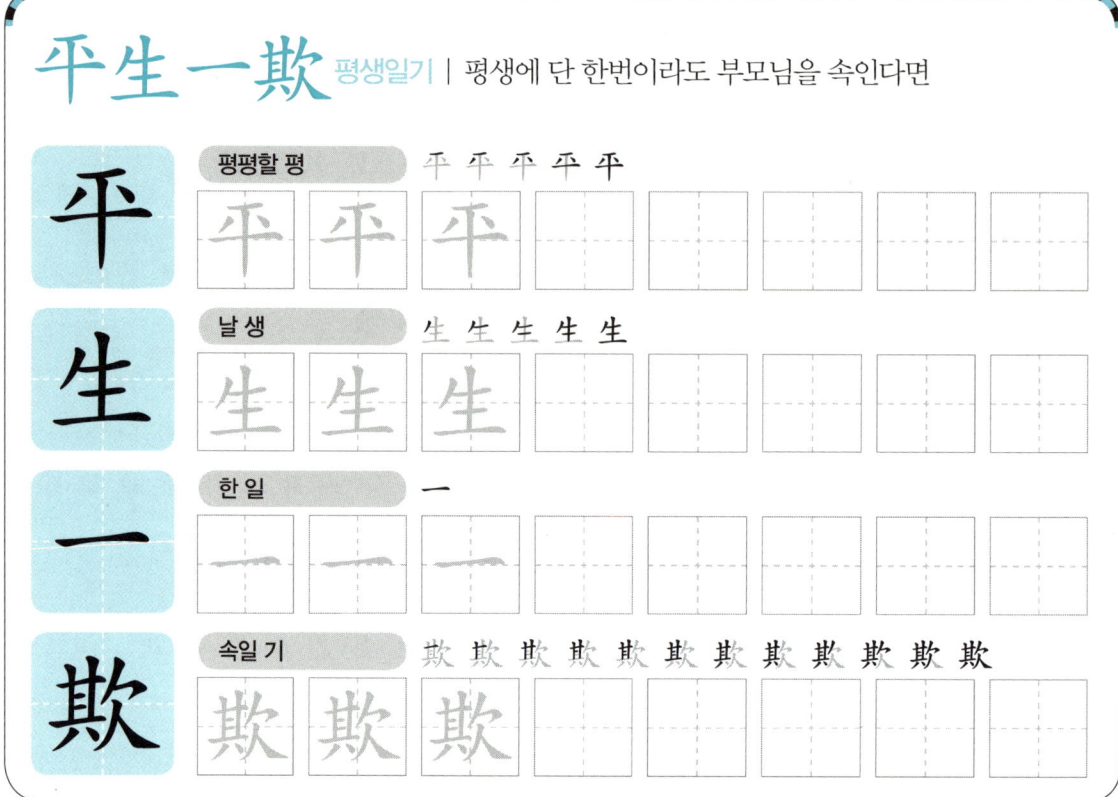

平生一欺 평생일기 | 평생에 단 한번이라도 부모님을 속인다면

- 평평할 평: 平
- 날 생: 生
- 한 일: 一
- 속일 기: 欺

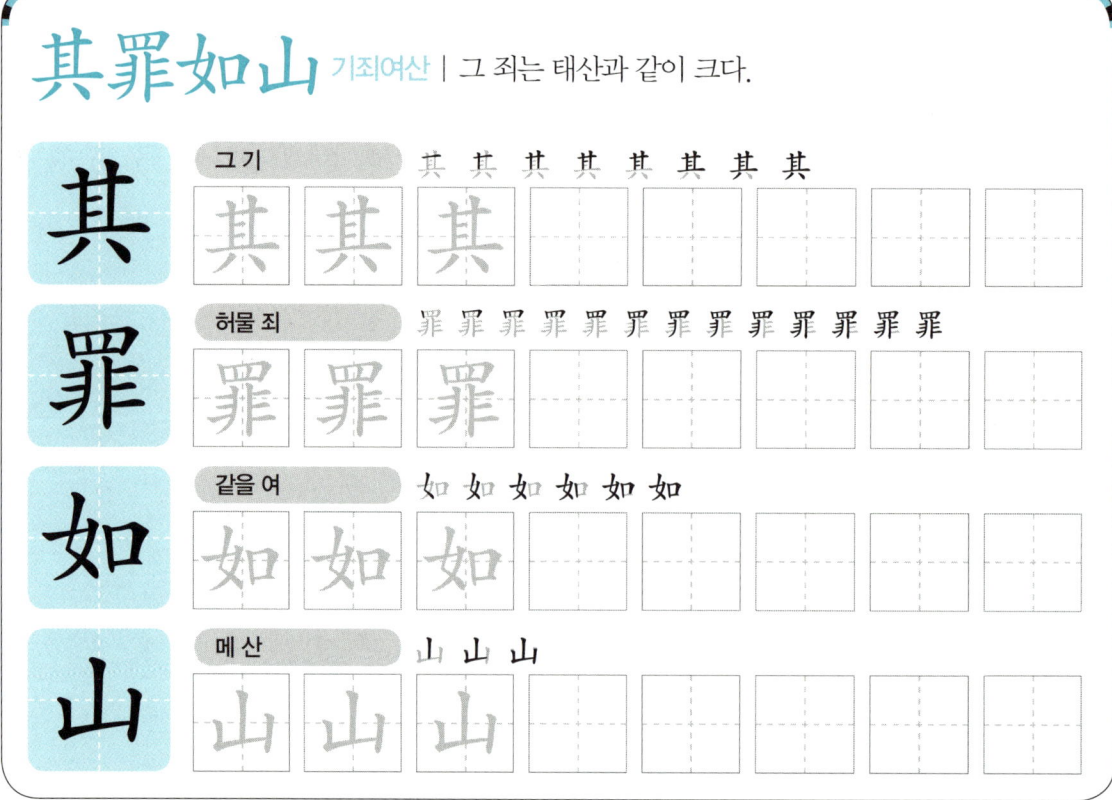

其罪如山 기죄여산 | 그 죄는 태산과 같이 크다.

- 그 기: 其
- 허물 죄: 罪
- 같을 여: 如
- 메 산: 山

若告西適 약고서적 | 만약 서쪽으로 간다고 부모님께 아뢰었으면

若 같을·만약 약 若若若若若若若若若

告 고할 고 告告告告告告告

西 서녘 서 西西西西西西

適 갈·맞을 적 適適適適適適適適適適

不復東往 불부동왕 | 동쪽으로 가지 말아야 한다.

不 아닐 불·부 不不不不

復 다시 부 復復復復復復復復復

東 동녘 동 東東東東東東東東

往 갈 왕 往往往往往往往

出必告之 출필고지 | 외출(外出)할 때에는 반드시 이를 부모님께 아뢰고

- 날 출
- 반드시 필
- 고할 고
- 갈 지

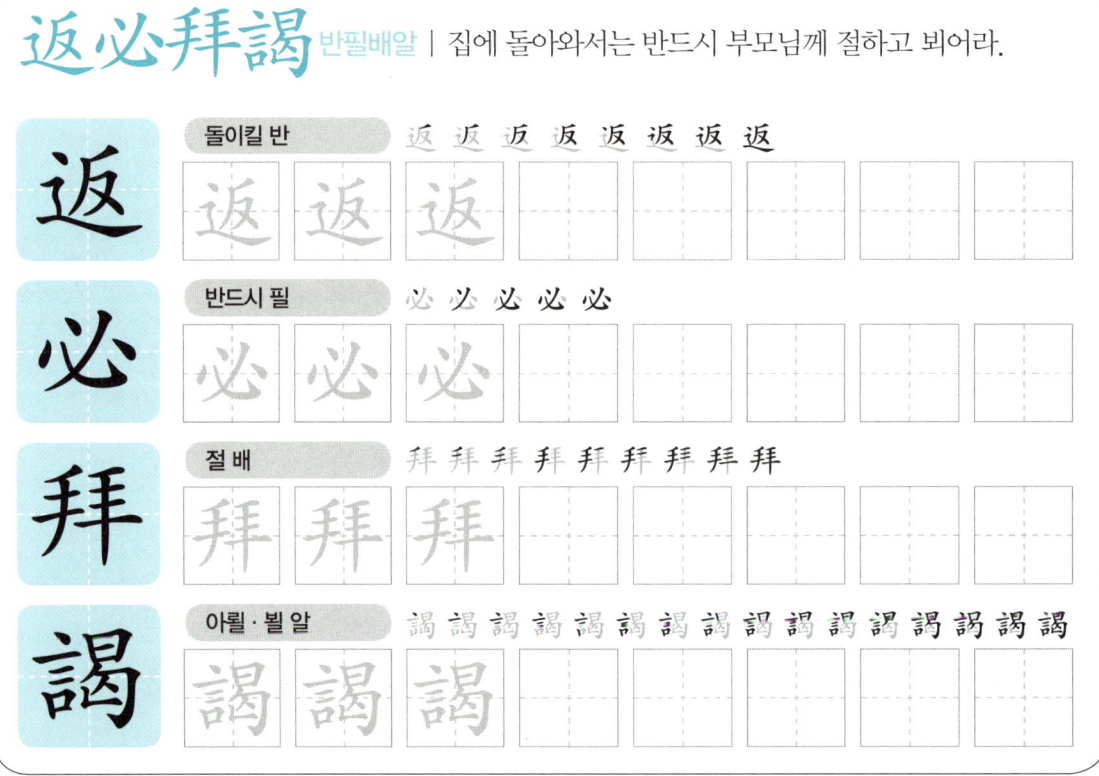

返必拜謁 반필배알 | 집에 돌아와서는 반드시 부모님께 절하고 뵈어라.

- 돌이킬 반
- 반드시 필
- 절 배
- 아뢸·뵐 알

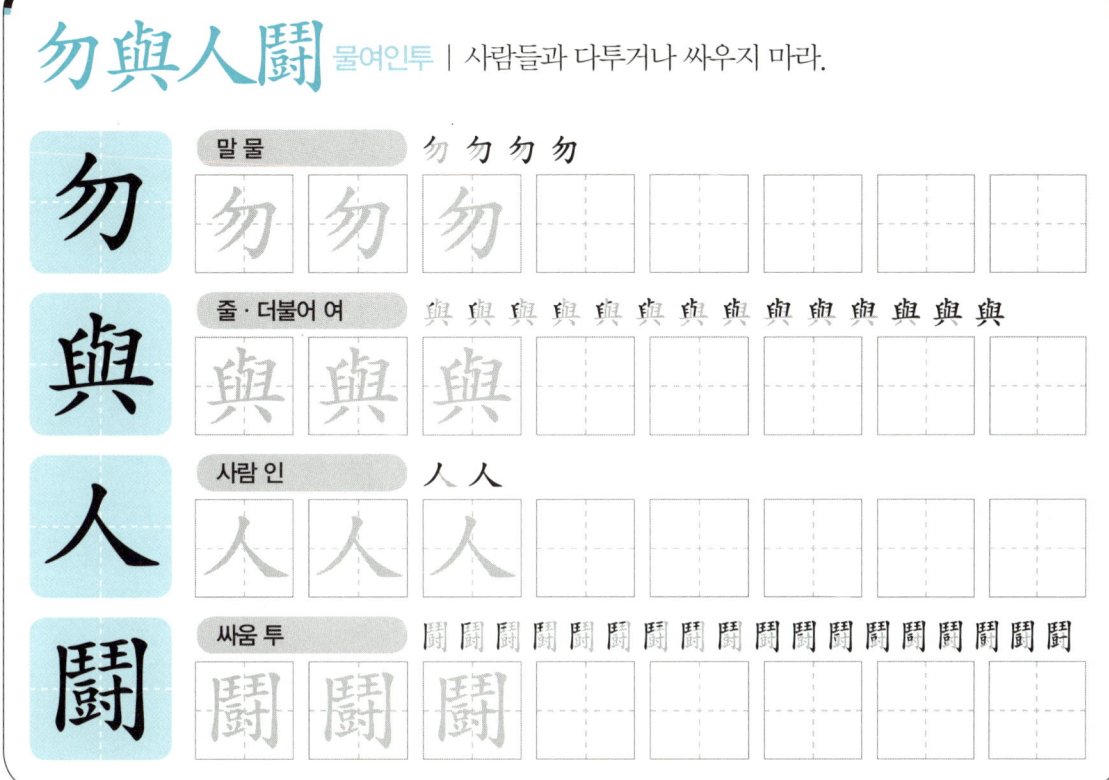

見善從之 견선종지 | 착한 일을 보거든 이를 본받아 따르고

知過必改 지과필개 | 잘못을 알거든 반드시 이를 고쳐라.

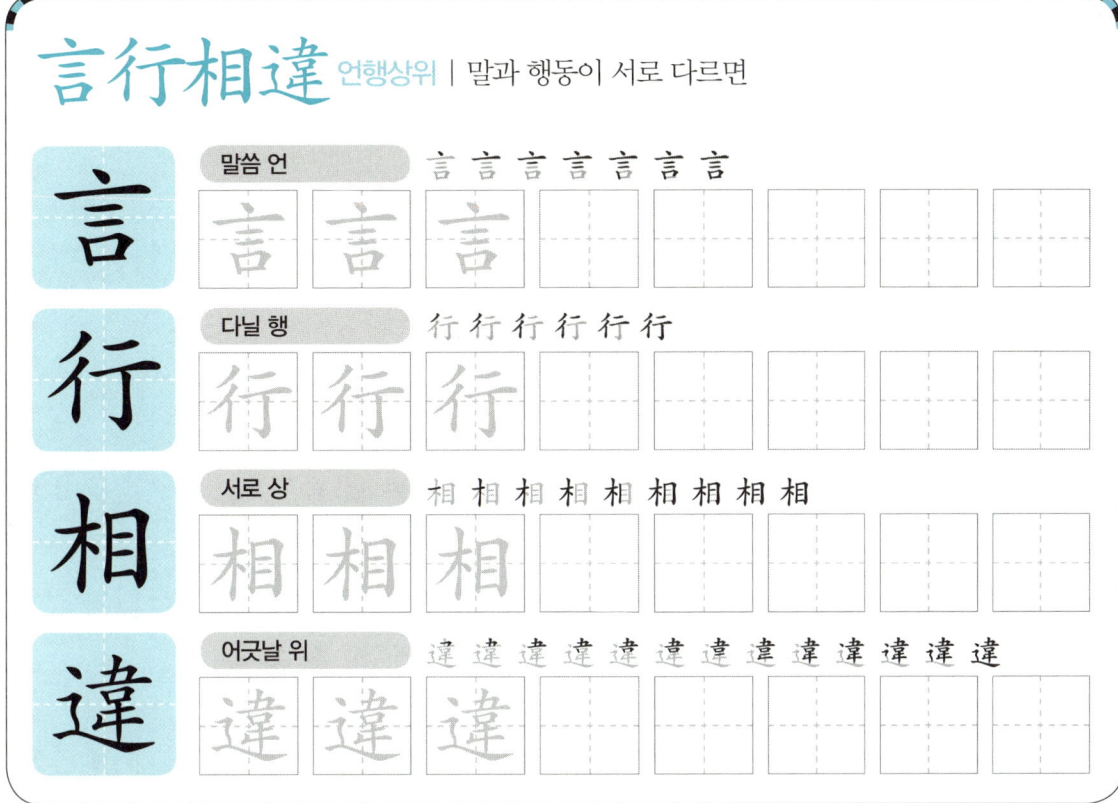

言行相違 언행상위 | 말과 행동이 서로 다르면

辱及于先 욕급우선 | 그 욕됨이 자기 선조(先祖)에게까지 미치게 된다.

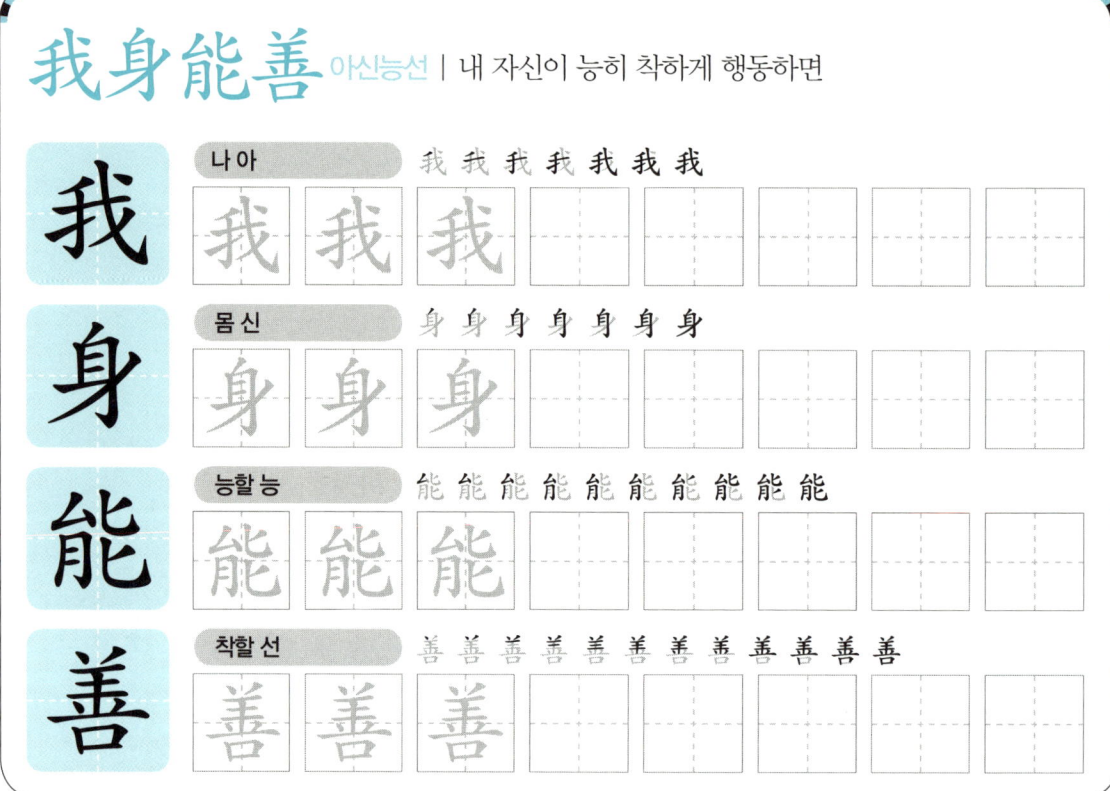

夏則涼枕 하즉양침 | 여름에는 부모님의 잠자리를 서늘하게 해 드리고

여름 하 — 夏夏夏夏夏夏夏夏夏

곧 즉 — 則則則則則則則則則

서늘할 량 — 涼涼涼涼涼涼涼涼涼涼

베개 침 — 枕枕枕枕枕枕枕枕

冬則溫被 동즉온피 | 겨울에는 부모님께서 입는 것을 따뜻하게 해 드려라.

겨울 동 — 冬冬冬冬冬

곧 즉 — 則則則則則則則則則

따뜻할 온 — 溫溫溫溫溫溫溫溫溫溫溫溫

입을 피 — 被被被被被被被被被

若得美果 약득미과 | 만약 맛있는 과일을 얻게 되거든

같을·만약 약	若 若 若 若 若 若 若 若 若
얻을 득	得 得 得 得 得 得 得 得 得
아름다울 미	美 美 美 美 美 美 美 美
과실 과	果 果 果 果 果 果 果 果

歸獻父母 귀헌부모 | 집으로 가지고 돌아와서 부모님께 드려라.

돌아갈 귀	歸 歸 歸 歸 歸 歸 歸 歸 歸 歸 歸 歸 歸 歸
드릴 헌	獻 獻 獻 獻 獻 獻 獻 獻 獻 獻 獻 獻 獻 獻
아버지 부	父 父 父 父
어머니 모	母 母 母 母 母

室堂有塵 실당유진 | 집 안에 티끌이 있거든

집 실 室室室室室室室室室
室 室 室

집 당 堂堂堂堂堂堂堂堂堂堂
堂 堂 堂

있을 유 有有有有有有
有 有 有

티끌 진 塵塵塵塵塵塵塵塵塵塵
塵 塵 塵

常以帚掃 상이추소 | 항상 비로 쓸어서 깨끗하게 하여라.

항상 상 常常常常常常常常常常常
常 常 常

써 이 以以以以以
以 以 以

비 추 帚帚帚帚帚帚帚
帚 帚 帚

쓸 소 掃掃掃掃掃掃掃掃
掃 掃 掃

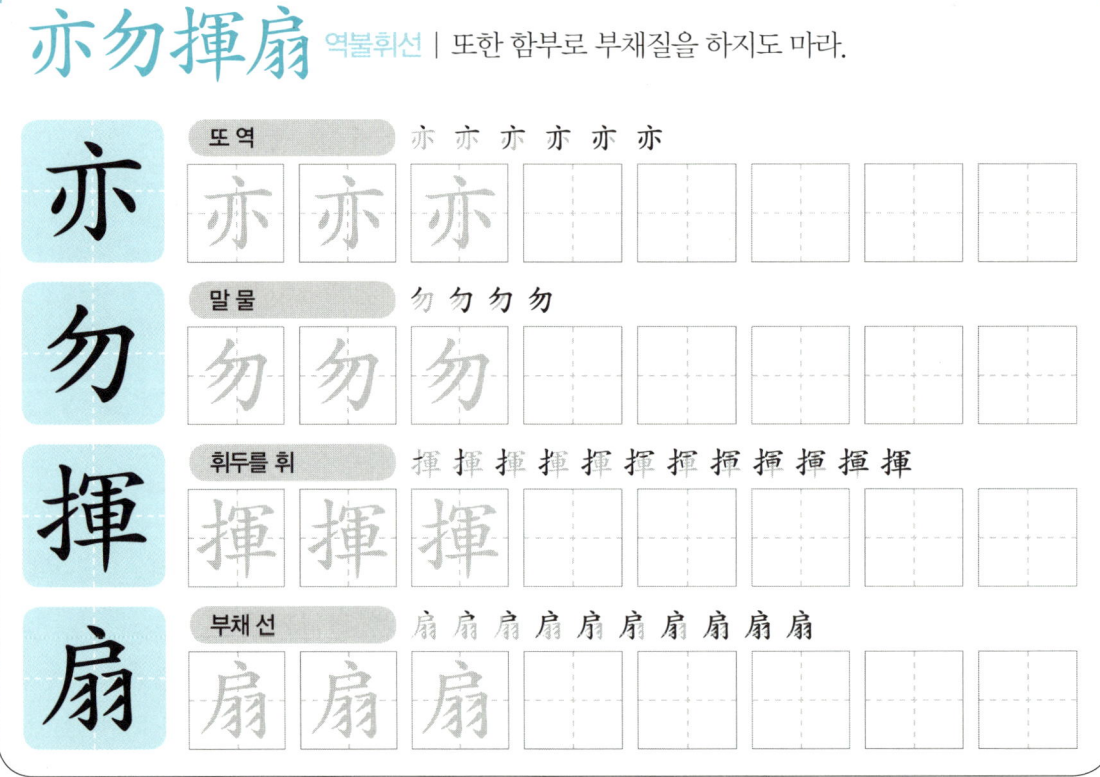

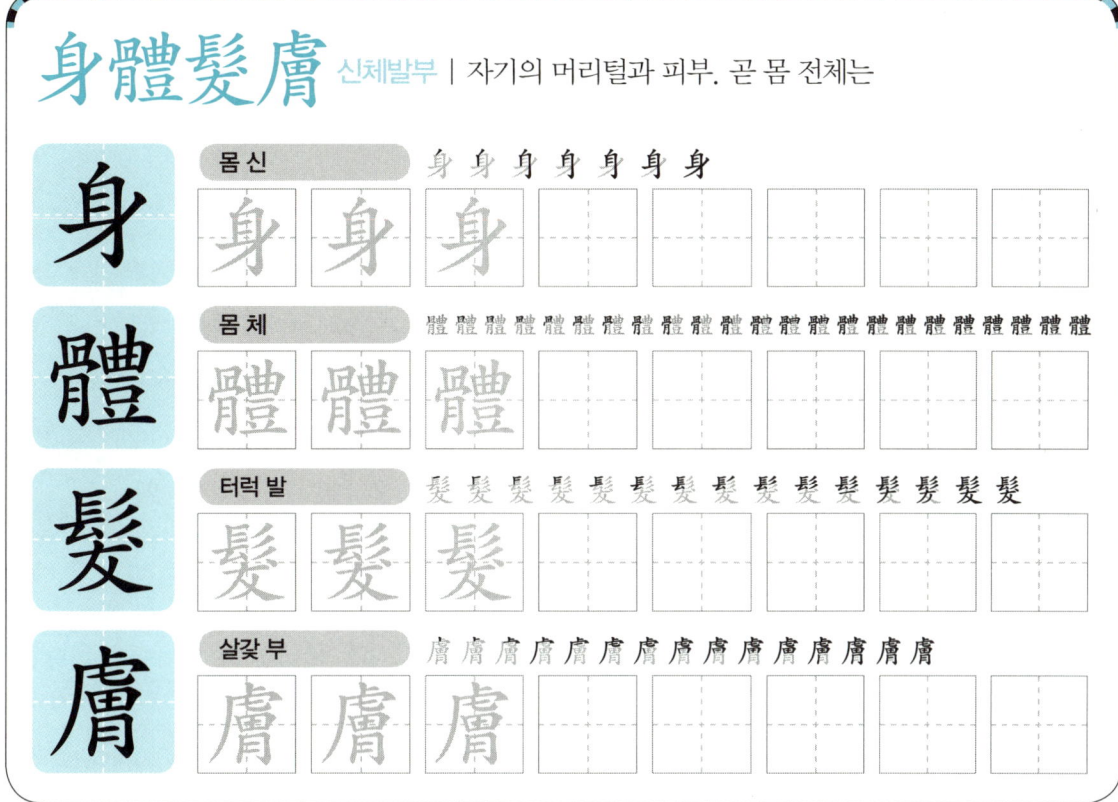

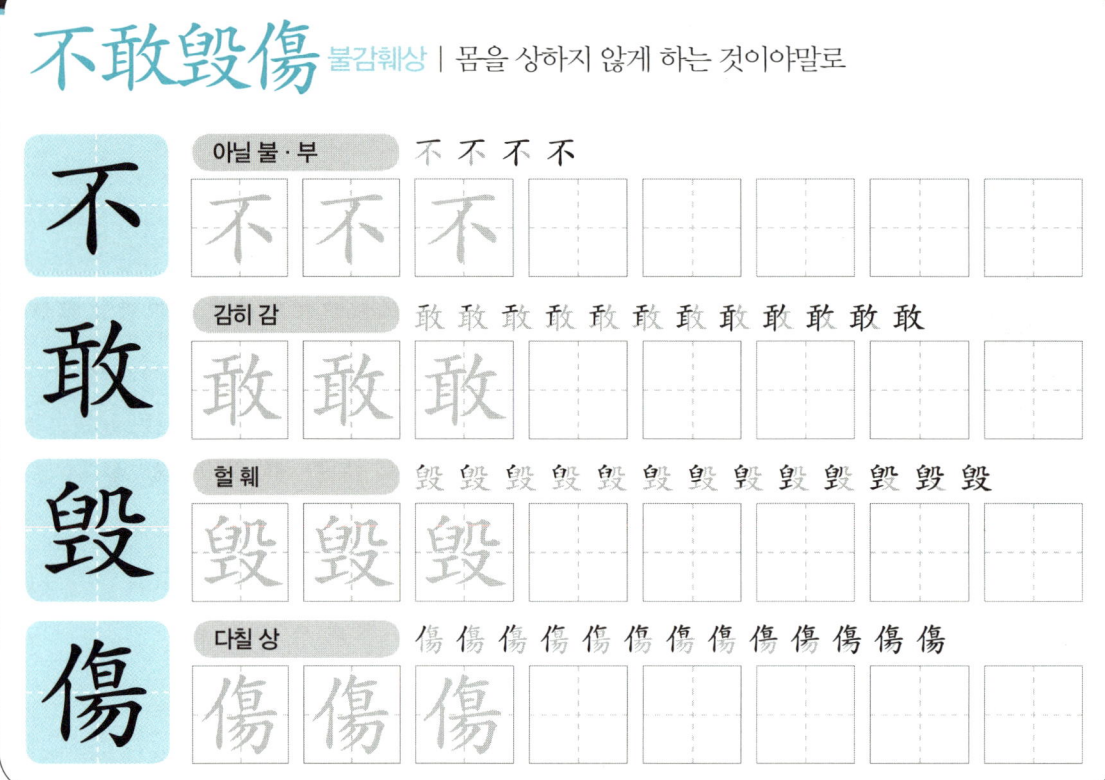

不敢毁傷 불감훼상 | 몸을 상하지 않게 하는 것이야말로

孝之始也 효지시야 | 바로 효도의 시작이니라.

立身行道 입신행도 | 출세하여 바른 도리를 행하면

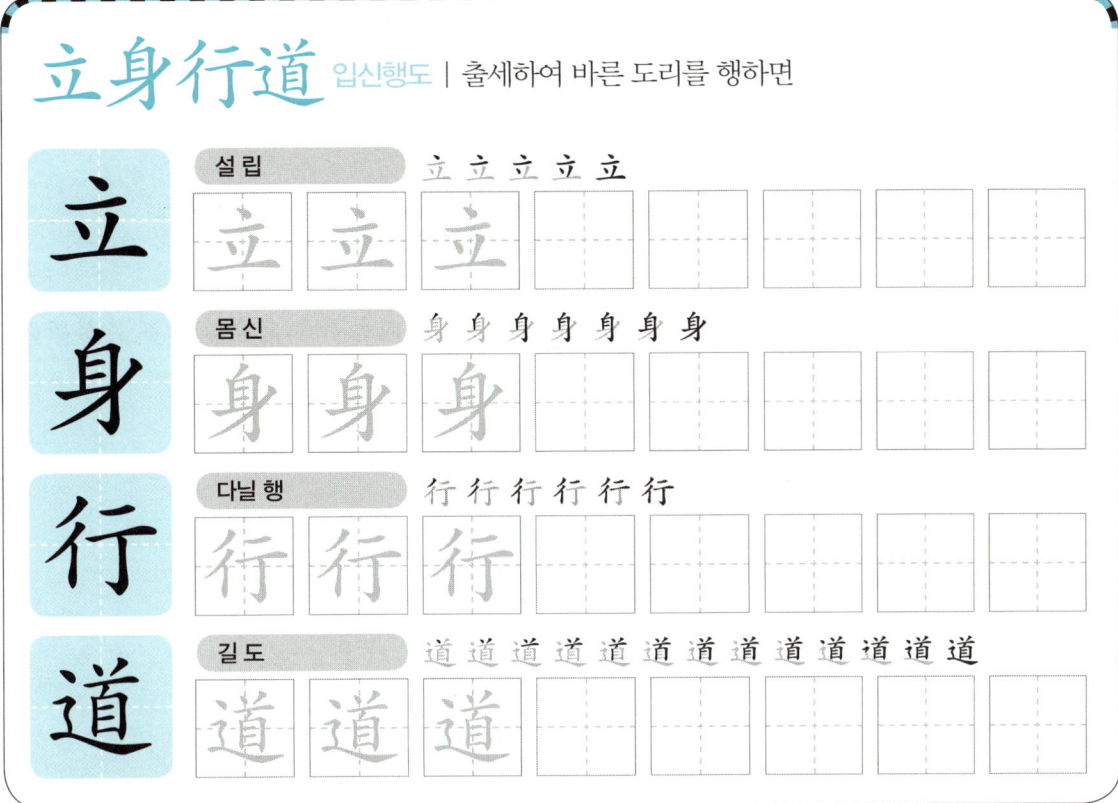

揚名後世 양명후세 | 이름을 후세에 드날리게 되리라.

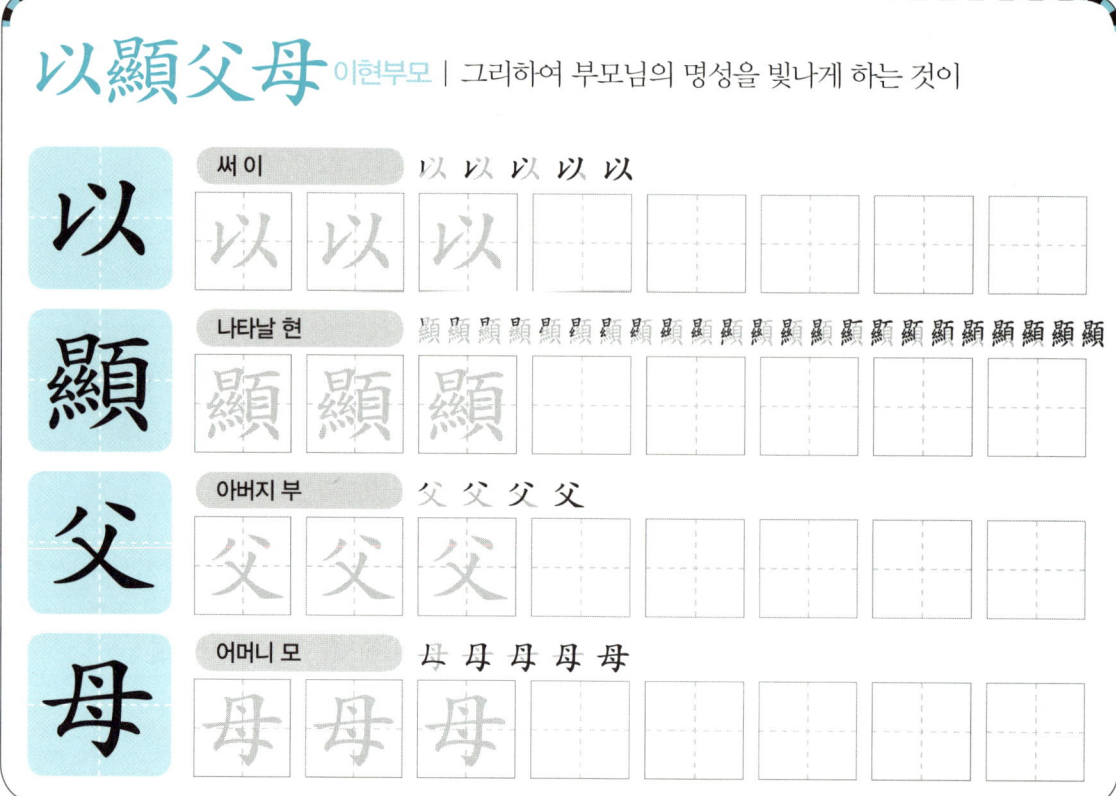

不能如此 불능여차 | 이와 같이 못한다면

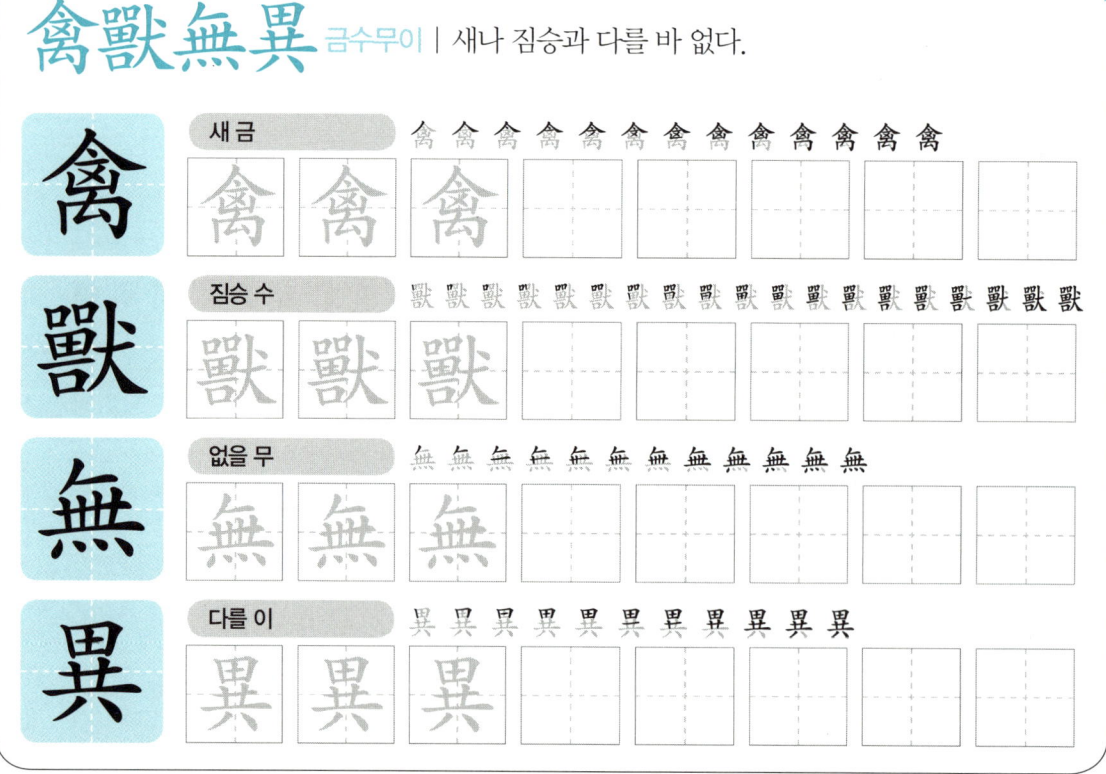

禽獸無異 금수무이 | 새나 짐승과 다를 바 없다.

事君之道 사군지도 | 임금을 섬기는 도리(道理)를

- 일·섬길 사: 事事事事事事事事
- 임금 군: 君君君君君君君
- 갈 지: 之之之之
- 길 도: 道道道道道道道道道道

與父一體 여부일체 | 아버지를 섬기는 바와 같이 해야한다.

- 줄·더불어 여: 與與與與與與與與與與與與與
- 아버지 부: 父父父父
- 한 일: 一
- 몸 체: 體體體體體體體體體體體體體體體體體

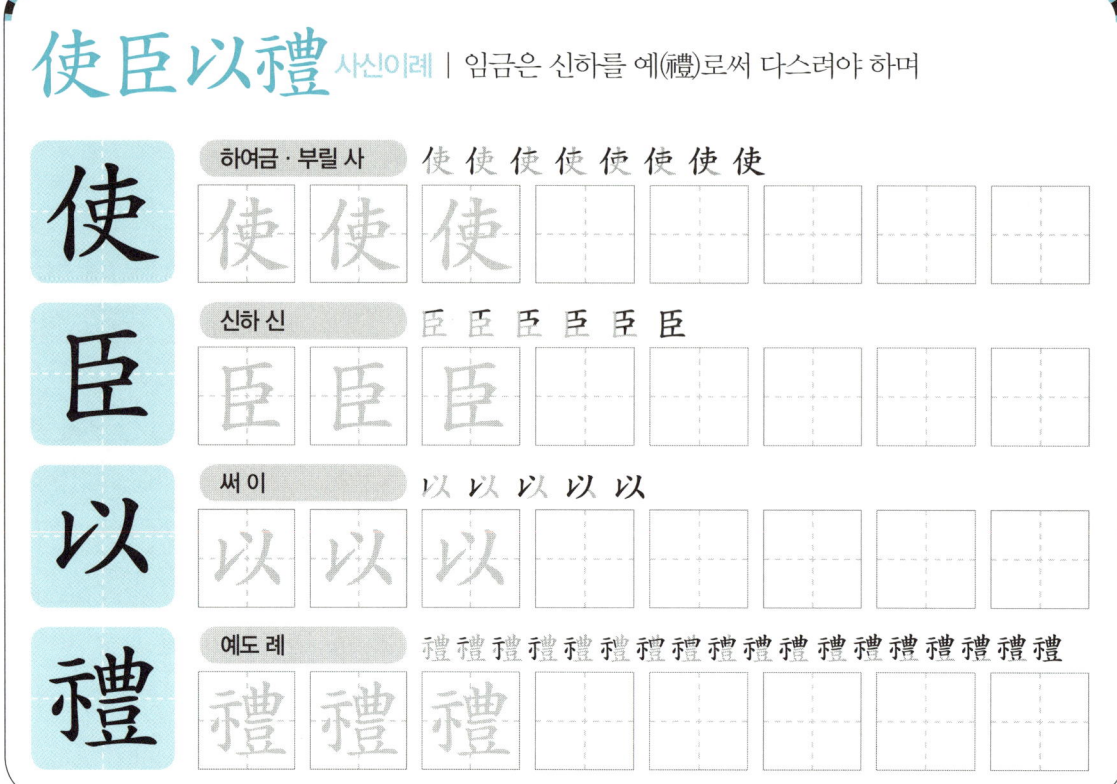

使臣以禮 사신이례 | 임금은 신하를 예(禮)로써 다스려야 하며

- 하여금·부릴 사
- 신하 신
- 써 이
- 예도 례

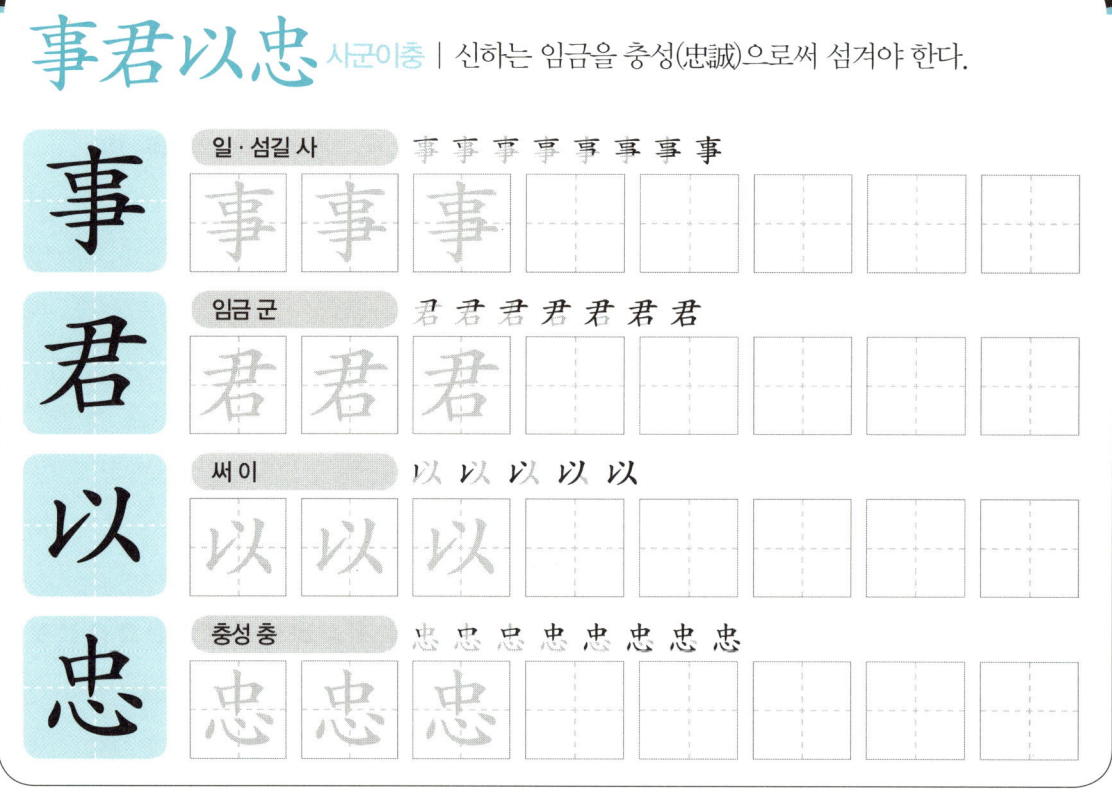

事君以忠 사군이충 | 신하는 임금을 충성(忠誠)으로써 섬겨야 한다.

- 일·섬길 사
- 임금 군
- 써 이
- 충성 충

盡己謂忠 진기위충 | 전력을 다하여 보필함을 충(忠)이라 하고

다할 진	盡
몸 기	己
이를 위	謂
충성 충	忠

以實謂信 이실위신 | 성실하게 대하는 것을 신의(信義)라 한다.

써 이	以
열매·참될 실	實
이를 위	謂
믿을 신	信

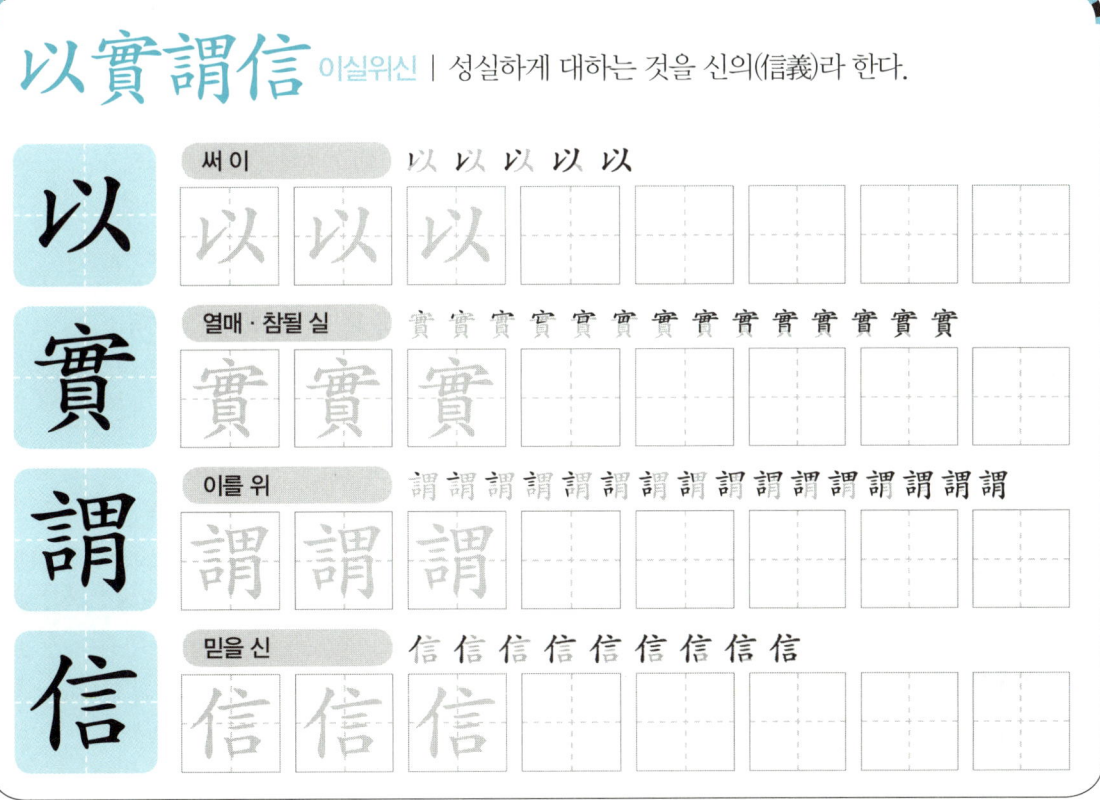

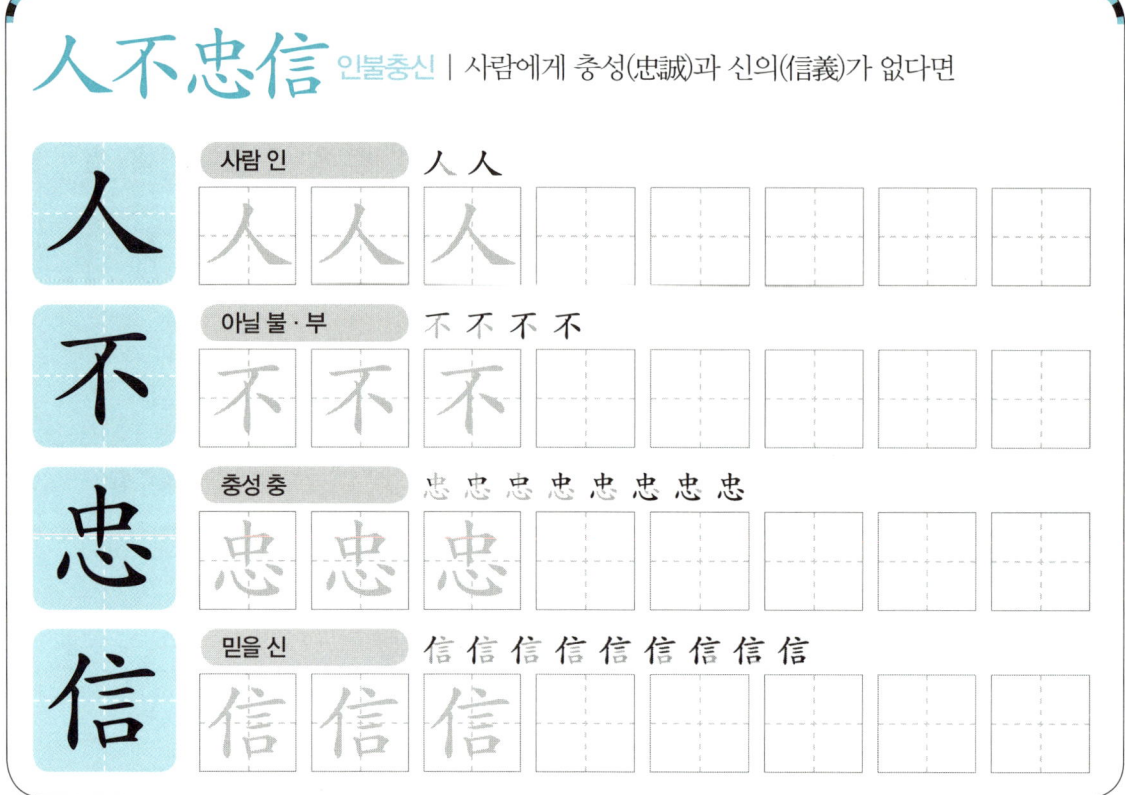

人不忠信 인불충신 | 사람에게 충성(忠誠)과 신의(信義)가 없다면

何謂人乎 하위인호 | 어찌 사람이라 일컬을 수 있으리오.

修身齊家 수신제가 | 자신을 수양(修養)하고 집안을 잘 다스리는 것이

- 닦을 수 — 修
- 몸 신 — 身
- 가지런할 제 — 齊
- 집 가 — 家

治國之本 치국지본 | 바로 나라를 다스리는 근본이 되느니라.

- 다스릴 치 — 治
- 나라 국 — 國
- 갈 지 — 之
- 근본 본 — 本

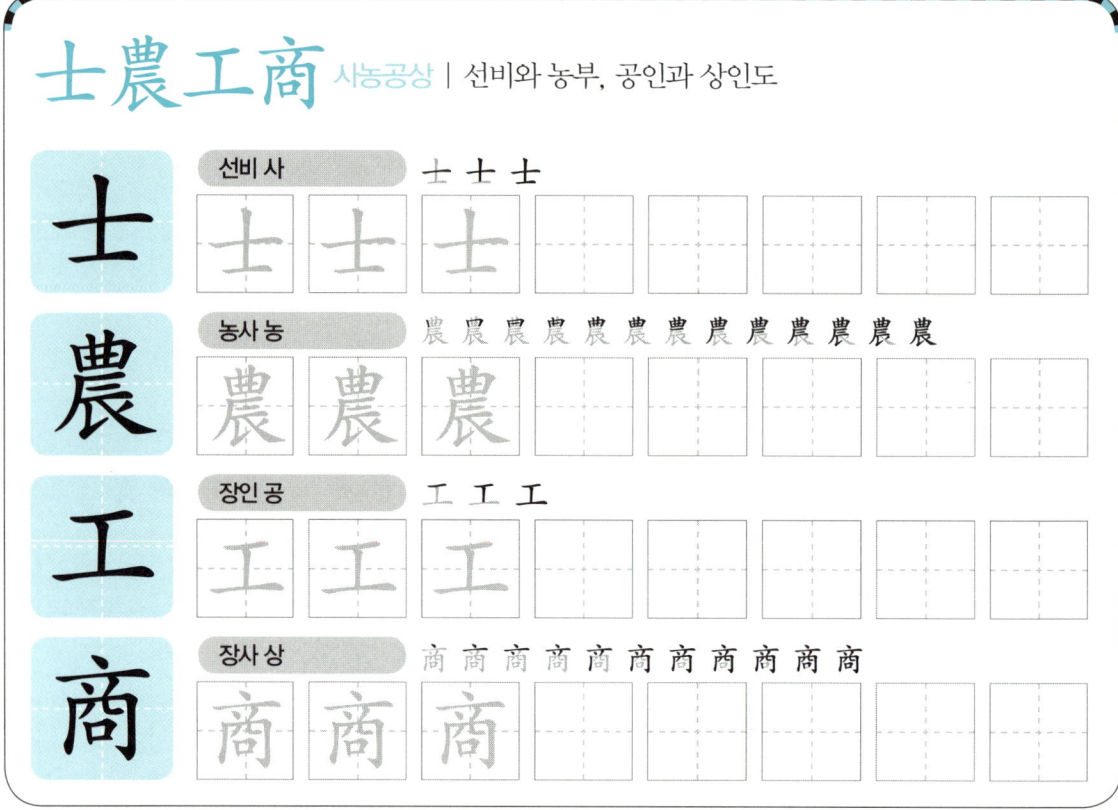

士農工商 사농공상 | 선비와 농부, 공인과 상인도

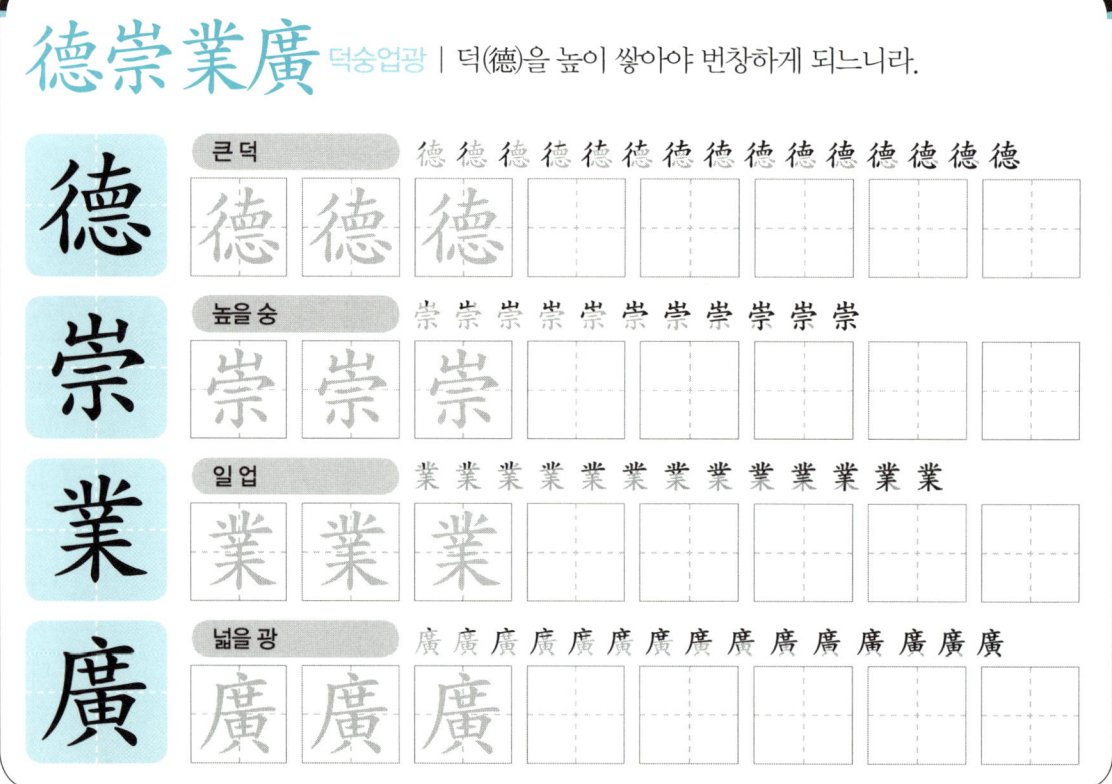

德崇業廣 덕숭업광 | 덕(德)을 높이 쌓아야 번창하게 되느니라.

夫婦之道 부부지도 | 남편과 아내의 도리(道理)라는 것은

夫 지아비 부 — 夫 夫 夫 夫

婦 지어미 부 — 婦 婦 婦 婦 婦 婦 婦 婦 婦 婦

之 갈 지 — 之 之 之 之

道 길 도 — 道 道 道 道 道 道 道 道 道 道

異姓之合 이성지합 | 다른 성씨끼리 결합하는 것이다.

異 다를 이 — 異 異 異 異 異 異 異 異 異 異 異

姓 성 성 — 姓 姓 姓 姓 姓 姓 姓

之 갈 지 — 之 之 之 之

合 합할 합 — 合 合 合 合 合 合

夫道剛直 부도강직 | 남편의 도는 굳세고 꿋꿋해야 하고

지아비 부 夫 夫 夫 夫

길 도 道 道 道 道 道 道 道 道 道 道

굳셀 강 剛 剛 剛 剛 剛 剛 剛 剛 剛

곧을 직 直 直 直 直 直 直 直 直

婦德柔順 부덕유순 | 아내의 덕은 부드럽고 온순해야 한다.

지어미 부 婦 婦 婦 婦 婦 婦 婦 婦 婦 婦

큰 덕 德 德 德 德 德 德 德 德 德 德

부드러울 유 柔 柔 柔 柔 柔 柔 柔 柔 柔

순할 순 順 順 順 順 順 順 順 順 順

愛之敬之 애지경지 | 서로를 사랑하고 공경하는 것이

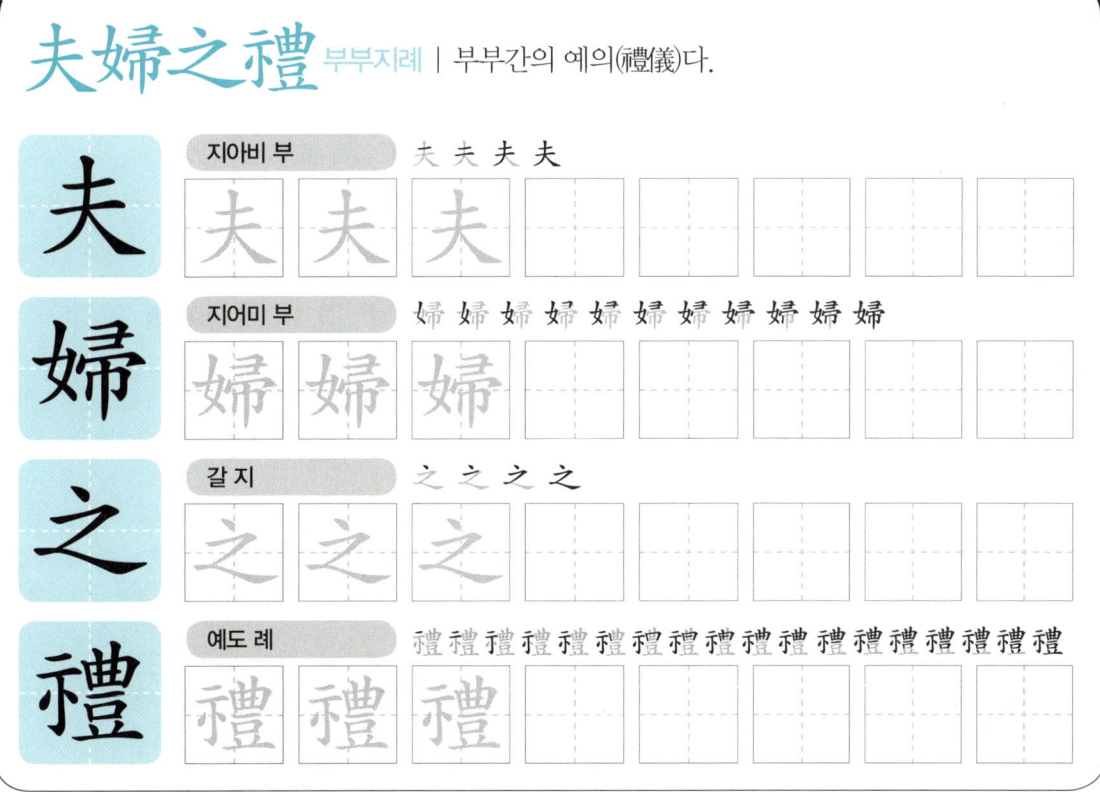

夫婦之禮 부부지례 | 부부간의 예의(禮儀)다.

夫唱婦隨 부창부수 | 남편이 계획하고, 아내가 이를 따르면

夫 지아비 부
唱 부를 창
婦 지어미 부
隨 따를 수

家道成矣 가도성의 | 집안의 질서가 잘 이루어지니라.

家 집 가
道 길 도
成 이룰 성
矣 어조사 의

貧窮患難 빈궁환난 | 가난하고 어려운 사람이 있으면

貧 가난할 빈
窮 궁할 궁
患 근심 환
難 어려울 난

親戚相救 친척상구 | 친척끼리 서로 도와줘야 한다.

親 친할 · 어버이 친
戚 겨레 척
相 서로 상
救 구원할 구

婚姻喪死 혼인상사 | 이웃 사람 중에 혼인하거나 초상이 나면

婚 혼인할 혼
姻 혼인 인
喪 잃을 상
死 죽을 사

隣保相助 인보상조 | 이웃끼리 서로 도와주고 보호해야 한다.

隣 이웃 린
保 보호할 보
相 서로 상
助 도울 조

骨肉雖分 골육수분 | 뼈와 살은 비록 나누어져 있지만

本生一氣 본생일기 | 본래는 하나의 같은 기에서 생겨 났다.

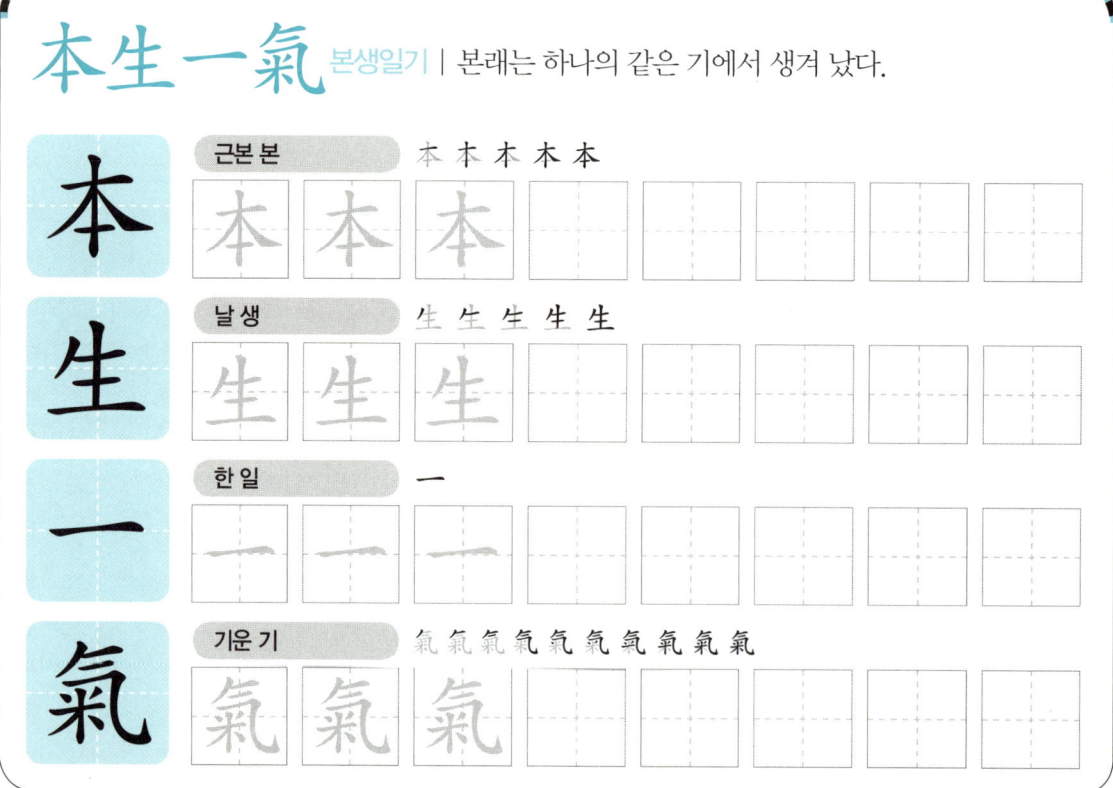

形體雖各 형체수각 | 비록 생김새나 몸은 각각 다르다하나

모양 형 形
몸 체 體
비록 수 雖
각각 각 各

素受一血 소수일혈 | 바탕은 부모님의 한 핏줄을 받은 것이니라.

흴·바탕 소 素
받을 수 受
한 일 一
피 혈 血

比之於木 비지어목 | 이를 나무에 비유하면

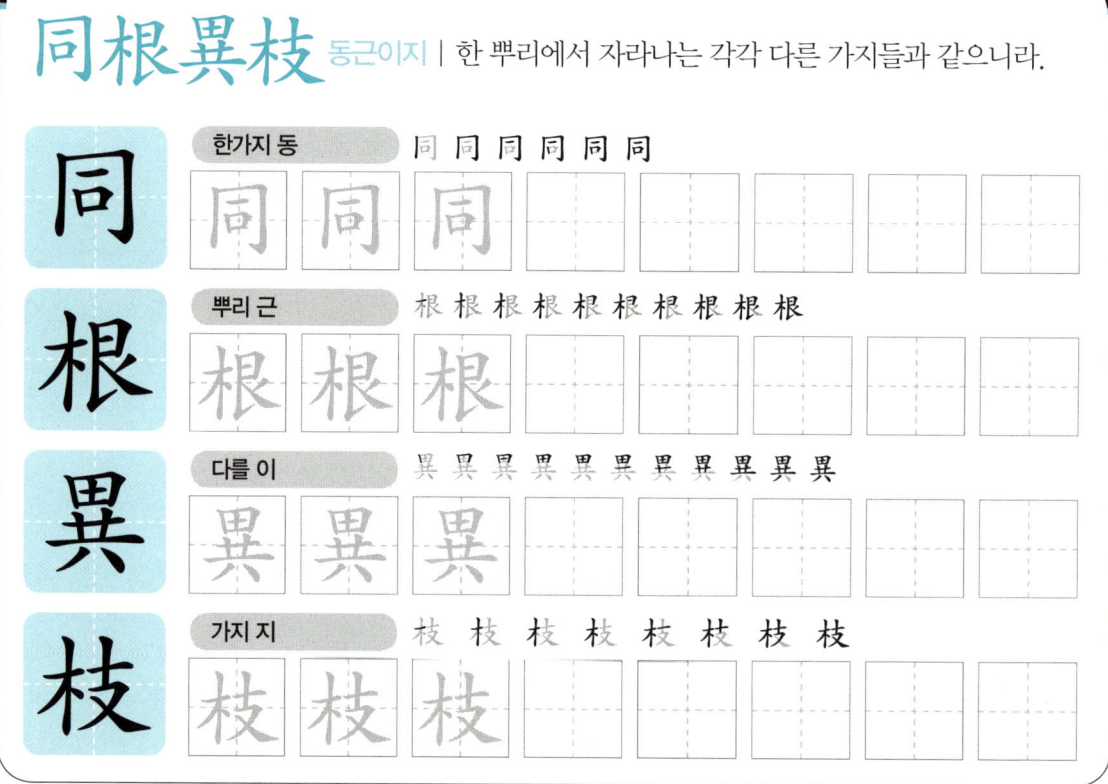

同根異枝 동근이지 | 한 뿌리에서 자라나는 각각 다른 가지들과 같으니라.

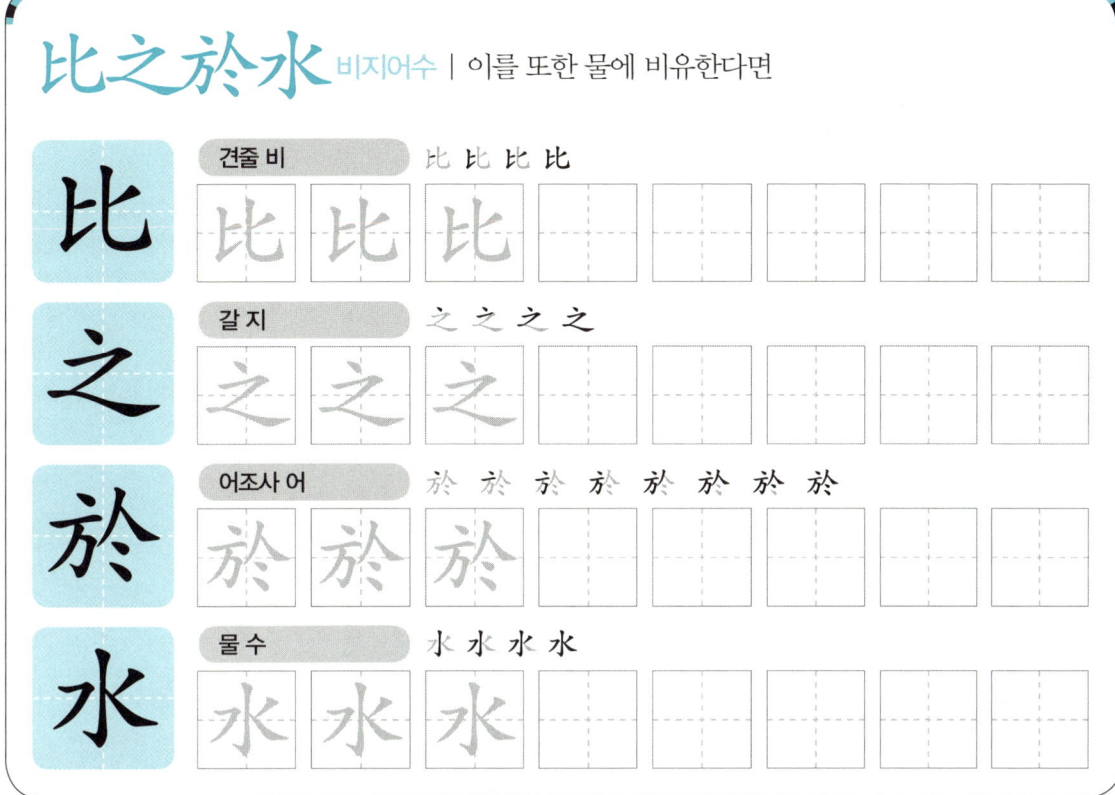

比之於水 비지어수 | 이를 또한 물에 비유한다면

- 견줄 비: 比 比 比 比
- 갈 지: 之 之 之 之
- 어조사 어: 於 於 於 於 於 於 於 於
- 물 수: 水 水 水 水

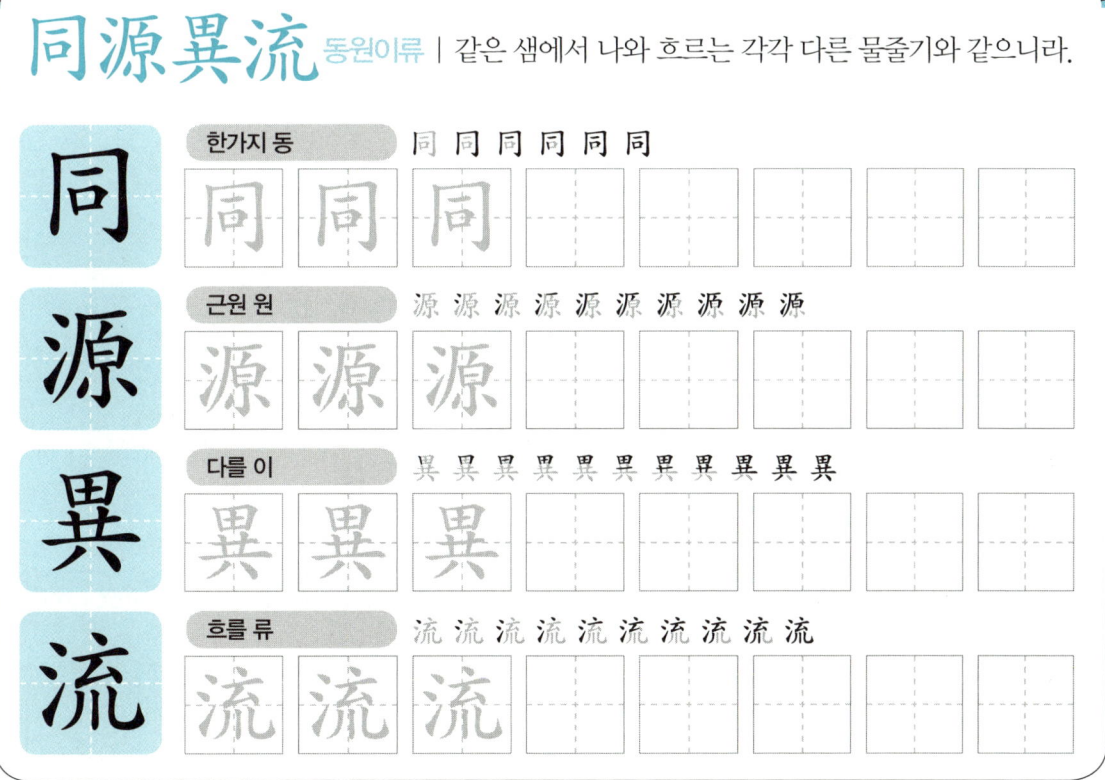

同源異流 동원이류 | 같은 샘에서 나와 흐르는 각각 다른 물줄기와 같으니라.

- 한가지 동: 同 同 同 同 同 同
- 근원 원: 源 源 源 源 源 源 源 源 源 源
- 다를 이: 異 異 異 異 異 異 異 異 異 異 異
- 흐를 류: 流 流 流 流 流 流 流 流 流 流

兄友弟恭 형우제공 | 형은 아우를 사랑하고, 아우는 형을 공경하여 받들며

맏 형: 兄 兄 兄 兄 兄
우애·벗 우: 友 友 友 友
아우 제: 弟 弟 弟 弟 弟 弟 弟
공손할 공: 恭 恭 恭 恭 恭 恭 恭 恭 恭

不敢怒怨 불감노원 | 감히 서로 성내거나 원망하여서는 안된다.

아닐 불·부: 不 不 不 不
감히 감: 敢 敢 敢 敢 敢 敢 敢 敢 敢
성낼 노: 怒 怒 怒 怒 怒 怒 怒 怒 怒
원망할 원: 怨 怨 怨 怨 怨 怨 怨 怨

私其衣食 사기의식 | 형제가 그 옷을 나누어 입고 음식을 나누어 먹지 않으면

私 사사 사
其 그 기
衣 옷 의
食 밥·먹을 식

夷狄之徒 이적지도 | 오랑캐들의 무리와 같음이니라.

夷 오랑캐 이
狄 오랑캐 적
之 갈 지
徒 무리 도

兄有過失 형유과실 | 형에게 과실이 있을지라도

- 맏 형: 兄 兄 兄 兄 兄
- 있을 유: 有 有 有 有 有
- 허물 과: 過 過 過 過 過 過 過 過 過 過 過
- 잃을 실: 失 失 失 失 失

和氣以諫 화기이간 | 아우는 온화한 기색으로 이를 바르게 간해야 한다.

- 화할 화: 和 和 和 和 和 和 和
- 기운 기: 氣 氣 氣 氣 氣 氣 氣 氣 氣 氣
- 써 이: 以 以 以 以 以
- 간할 간: 諫 諫 諫 諫 諫 諫 諫 諫 諫 諫 諫 諫

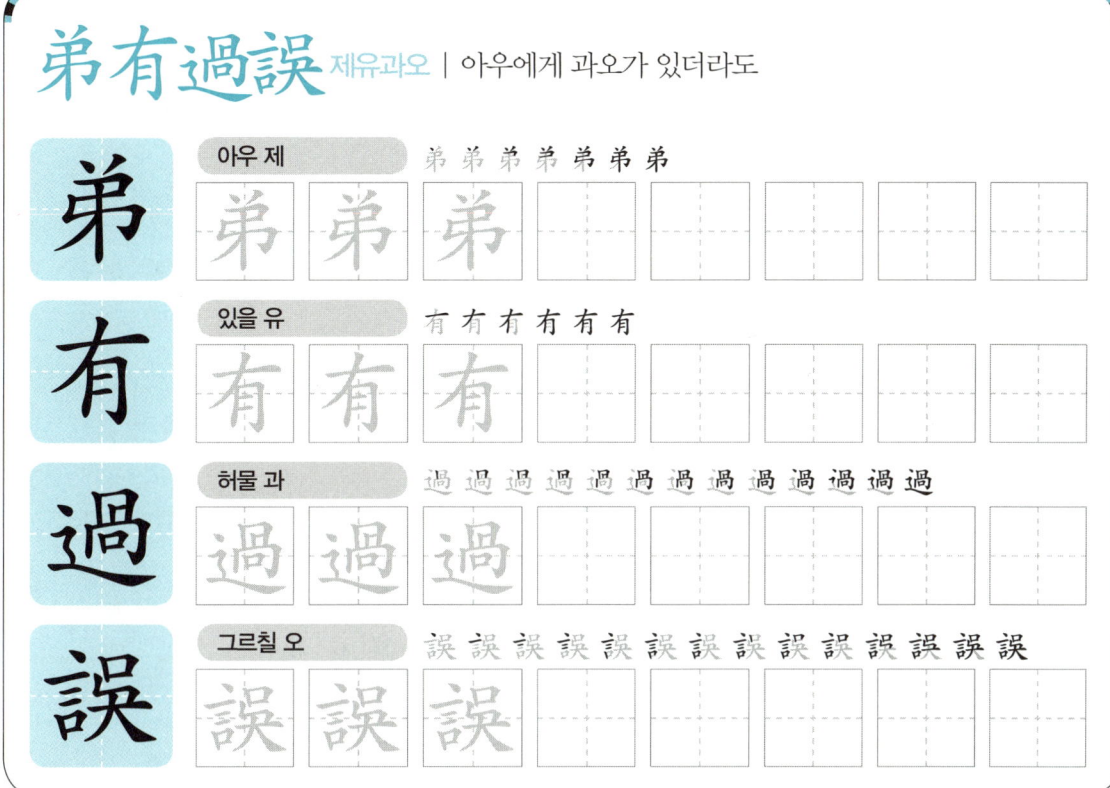

弟有過誤 제유과오 | 아우에게 과오가 있더라도

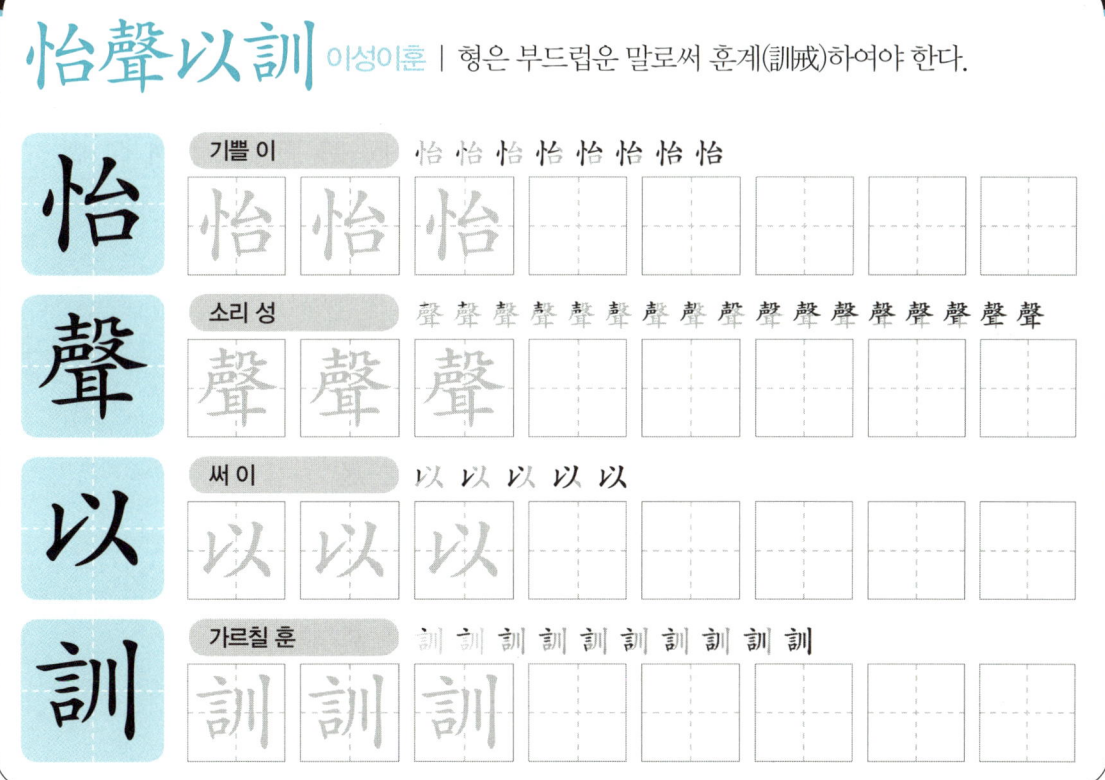

怡聲以訓 이성이훈 | 형은 부드러운 말로써 훈계(訓戒)하여야 한다.

兄弟有疾 형제유질 | 형제 중에 질병(疾病)이 있을 경우에는

- 맏 형: 兄兄兄兄兄
- 아우 제: 弟弟弟弟弟弟弟
- 있을 유: 有有有有有有
- 병 질: 疾疾疾疾疾疾疾疾疾疾

憫而思救 민이사구 | 이를 가엾게 여겨 구해 줄 생각을 해야 한다.

- 불쌍히 여길 민: 憫憫憫憫憫憫憫憫憫憫憫憫憫
- 말이을 이: 而而而而而而
- 생각할 사: 思思思思思思思思
- 구원할 구: 救救救救救救救救救救

兄弟有惡 형제유악 | 형제 중에 좋지 못한 일이 있거든

兄 맏 형
兄 兄 兄 兄 兄

弟 아우 제
弟 弟 弟 弟 弟 弟 弟

有 있을 유
有 有 有 有 有

惡 악할 악
惡 惡 惡 惡 惡 惡 惡 惡 惡

隱而勿視 은이물시 | 속으로 숨기며 보고만 있지 말아야 한다.

隱 숨을 은
隱 隱 隱 隱 隱 隱 隱 隱 隱 隱 隱 隱

而 말이을 이
而 而 而 而 而 而

勿 말 물
勿 勿 勿 勿

視 볼 시
視 視 視 視 視 視 視 視 視

率先垂範 솔선수범 | 스스로 앞장서서 모범을 보이면

- 거느릴 솔: 率
- 먼저 선: 先
- 드리울 수: 垂
- 법 범: 範

兄弟亦效 형제역효 | 형제들도 또한 이를 본받을 것이다.

- 맏 형: 兄
- 아우 제: 弟
- 또 역: 亦
- 본받을 효: 效

我有憂患 아유우환 | 나에게 근심과 걱정이 있다면

나 아	我
있을 유	有
근심 우	憂
근심 환	患

兄弟亦憂 형제역우 | 형제들도 또한 같이 걱정할 것이다.

맏 형	兄
아우 제	弟
또 역	亦
근심 우	憂

我有歡樂 아유환락 | 나에게 기쁘고 즐거운 일이 있다면

- 나 아: 我
- 있을 유: 有
- 기쁠 환: 歡
- 즐거울 락: 樂

姉妹亦樂 자매역락 | 자매들 또한 같이 즐거워할 것이다.

- 손윗누이 자: 姉
- 손아랫누이 매: 妹
- 또 역: 亦
- 즐거울 락: 樂

雖有他親 수유타친 | 아무리 달리 친한 사람이 있다 하더라도

비록 수 — 雖
있을 유 — 有
다를 타 — 他
친할·어버이 친 — 親

豈能如此 기능여차 | 어찌 형제와 같을 수 있으리오.

어찌 기 — 豈
능할 능 — 能
같을 여 — 如
이 차 — 此

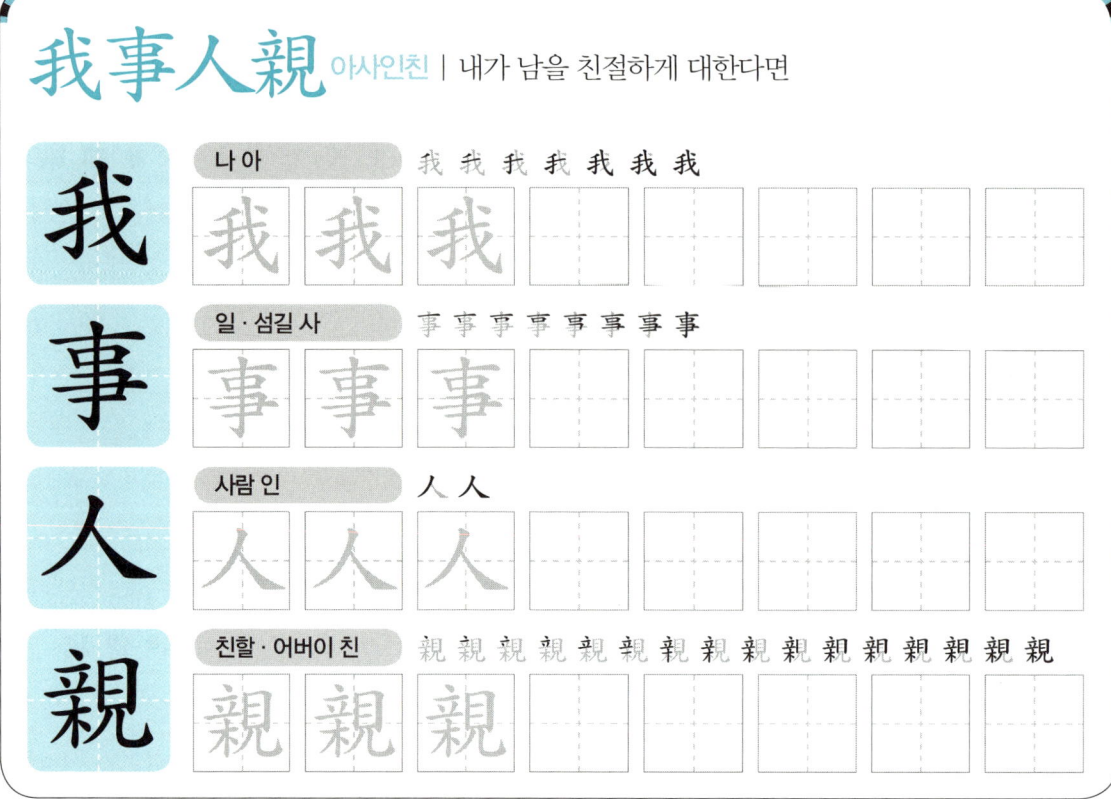

我事人親 아사인친 | 내가 남을 친절하게 대한다면

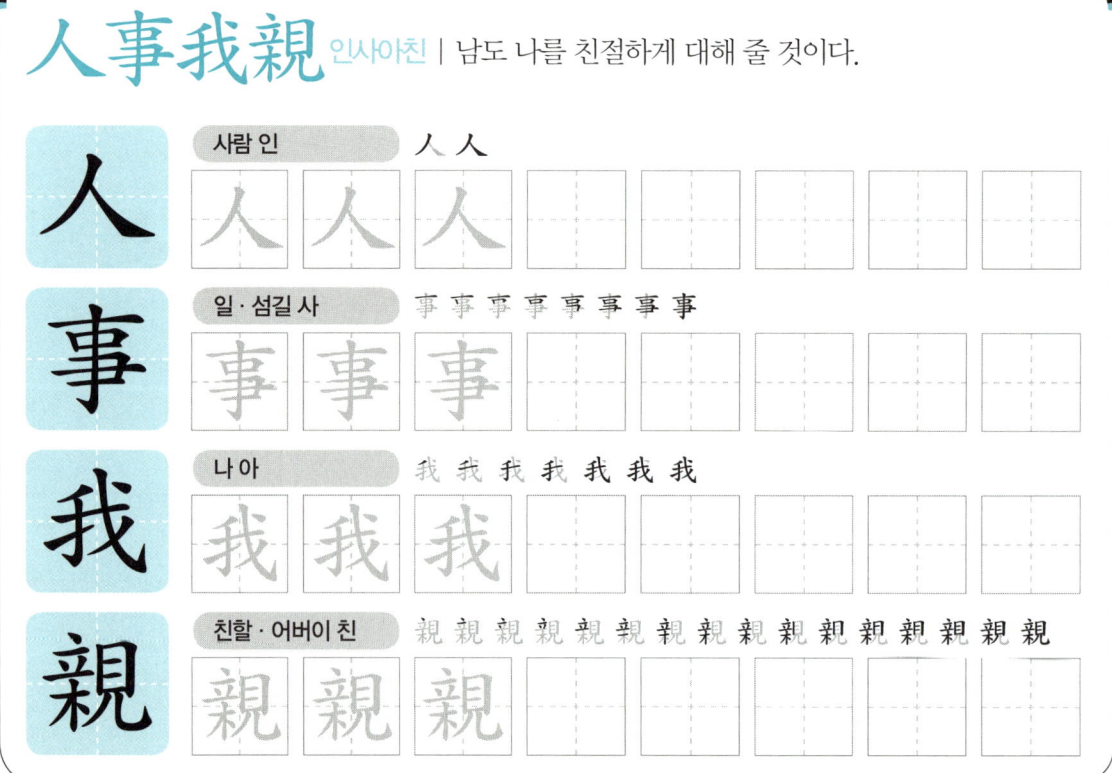

人事我親 인사아친 | 남도 나를 친절하게 대해 줄 것이다.

長者慈幼 장자자유 | 어른은 어린아이를 사랑하고

어른 장 長
놈 자 者
사랑 자 慈
어릴 유 幼

幼者敬長 유자경장 | 어린아이는 어른을 공경해야 한다.

어릴 유 幼
놈 자 者
공경할 경 敬
어른 장 長

擇友交之 택우교지 | 벗을 가려서 사귀면

- 가릴 택
- 벗 우
- 사귈 교
- 갈 지

有所補益 유소보익 | 도움과 유익함이 있다.

- 있을 유
- 바 소
- 도울 보
- 더할 익

友其德也 우기덕야 | 벗은 그 덕을 보고 사귀어야 하며

- 벗 우: 友 友 友 友
- 그 기: 其 其 其 其 其 其 其 其
- 큰 덕: 德 德 德 德 德 德 德 德 德 德
- 어조사 야: 也 也 也

不可有挾 불가유협 | 그 덕을 믿고 의지해서는 안 된다.

- 아닐 불·부: 不 不 不 不
- 옳을 가: 可 可 可 可 可
- 있을 유: 有 有 有 有 有
- 의지할·낄 협: 挾 挾 挾 挾 挾 挾 挾 挾

友其正人 우기정인 | 벗이 정직한 사람이라면

我亦自正 아역자정 | 나 또한 스스로 정직한 사람이 될 것이다.

從遊邪人 종유사인 | 바르지 못한 사람과 어울려 놀면

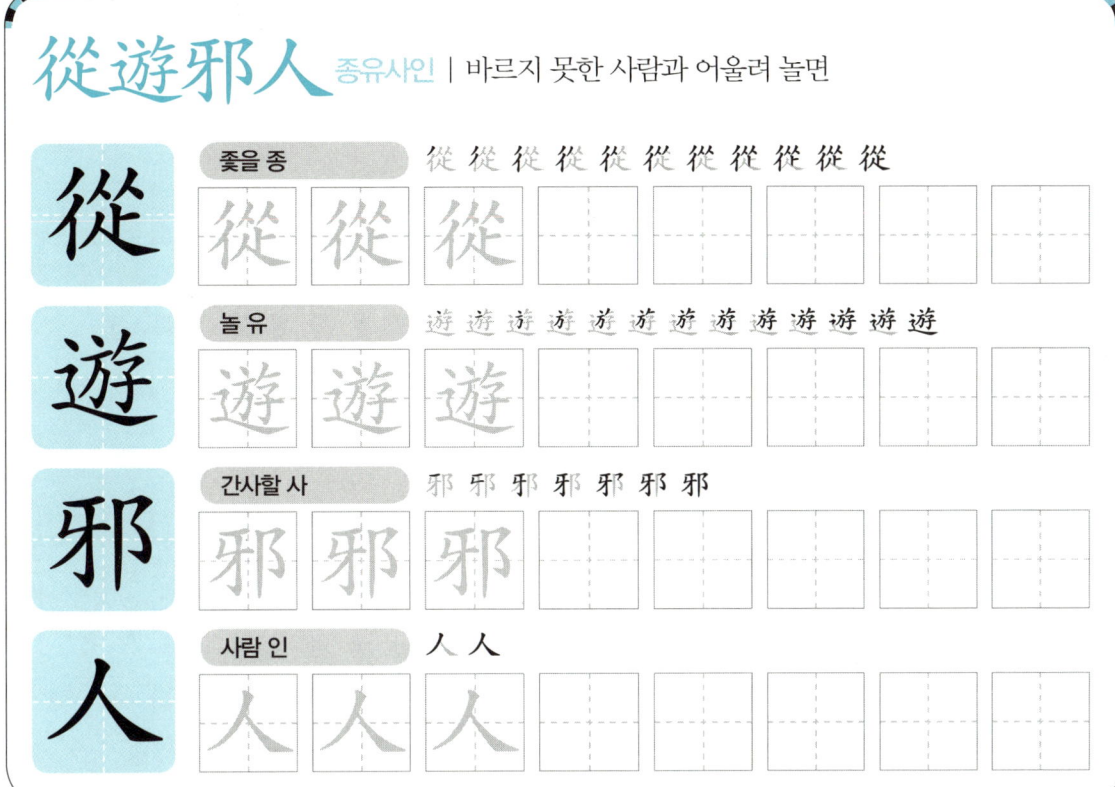

予亦自邪 여역자사 | 나 또한 스스로 간사한 사람이 된다.

近墨者黑 근묵자흑 | 먹을 가까이 하는 사람은 먹이 묻어 검어지고

近	가까울 근	近近近近近近近近
墨	먹 묵	墨墨墨墨墨墨墨墨墨墨墨墨墨墨墨
者	놈 자	者者者者者者者者者
黑	검을 흑	黑黑黑黑黑黑黑黑黑黑黑黑

近朱者赤 근주자적 | 붉은 것을 가까이 하는 사람은 붉은 색이 묻어 붉어진다.

近	가까울 근	近近近近近近近近
朱	붉을 주	朱朱朱朱朱朱
者	놈 자	者者者者者者者
赤	붉을 적	赤赤赤赤赤赤赤

蓬生麻中 **봉생마중** | 쑥이 삼밭에 나서 자라면

- 쑥 봉
- 날 생
- 삼 마
- 가운데 중

不扶自直 **불부자직** | 붙들어매지 않더라도 저절로 곧아진다.

- 아닐 불·부
- 도울 부
- 스스로 자
- 곧을 직

白沙在泥 백사재니 | 흰 모래가 진흙에 섞여 있으면

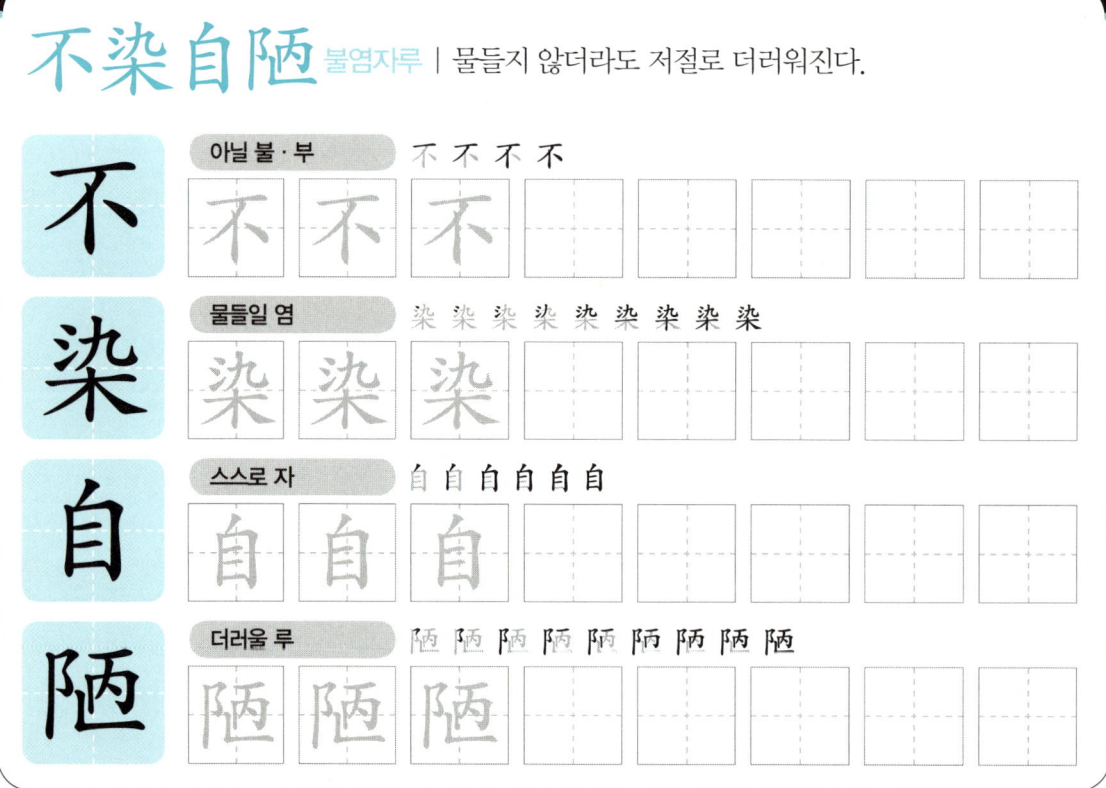

不染自陋 불염자루 | 물들지 않더라도 저절로 더러워진다.

居必擇隣 거필택린 | 사는 곳을 정할 때는 반드시 이웃을 가리고

살 거 居居居居居居居居

반드시 필 必必必必

가릴 택 擇擇擇擇擇擇擇擇擇擇擇

이웃 린 隣隣隣隣隣隣隣隣隣隣

就必有德 취필유덕 | 나아가는 데는 반드시 덕이 있어야 한다.

나아갈 취 就就就就就就就就就就就

반드시 필 必必必必

있을 유 有有有有有

큰 덕 德德德德德德德德德德

哀慶相問 애경상문 | 슬픈 일이나 경사스러운 일에 서로 찾아보는 것은

哀 슬플 애
慶 경사 경
相 서로 상
問 물을 문

美風良俗 미풍양속 | 아름답고 좋은 풍속이다.

美 아름다울 미
風 바람 풍
良 어질 량
俗 풍속 속

不責我身 불책아신 | 나의 잘못을 보고도 꾸짖지 않는 사람이라면

諂諛之人 첨유지인 | 참다운 벗이 아니라 아첨꾼에 지나지 않는다.

面責我過 면책아과 | 나의 허물을 면전에서 꾸짖어 줄 수 있는 사람이라면

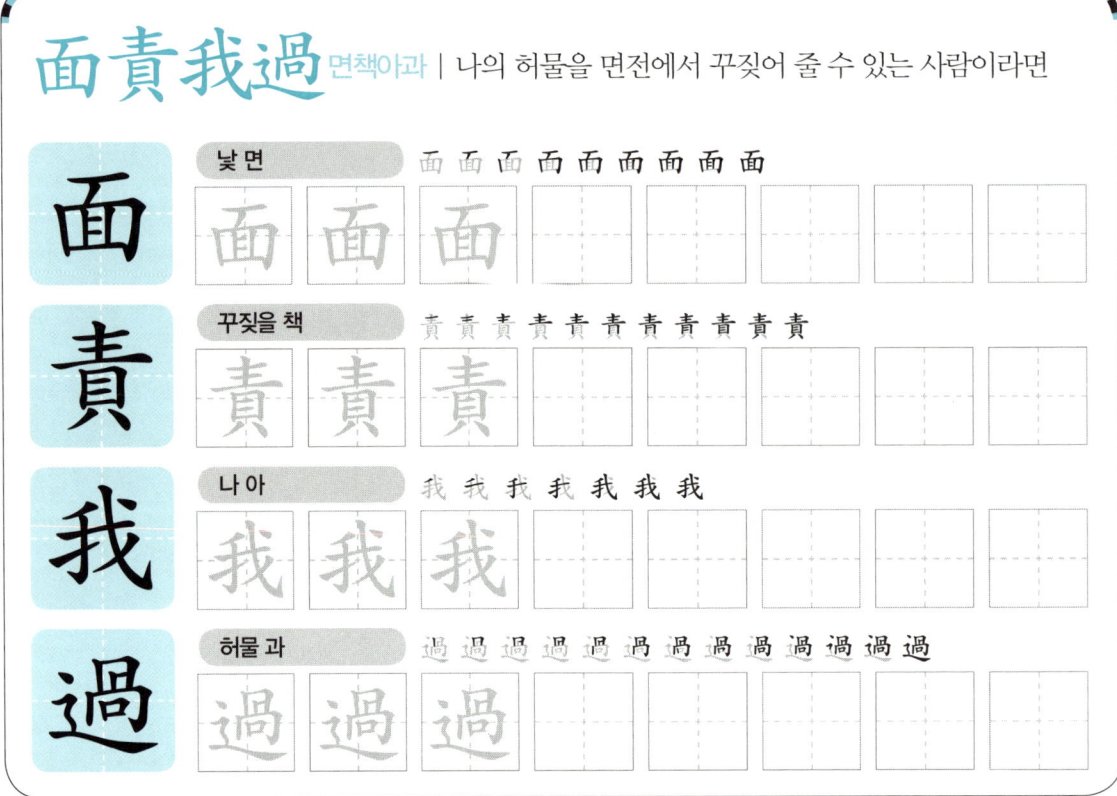

剛直之人 강직지인 | 이 사람이야말로 진실로 굳세고 곧은 사람이다.

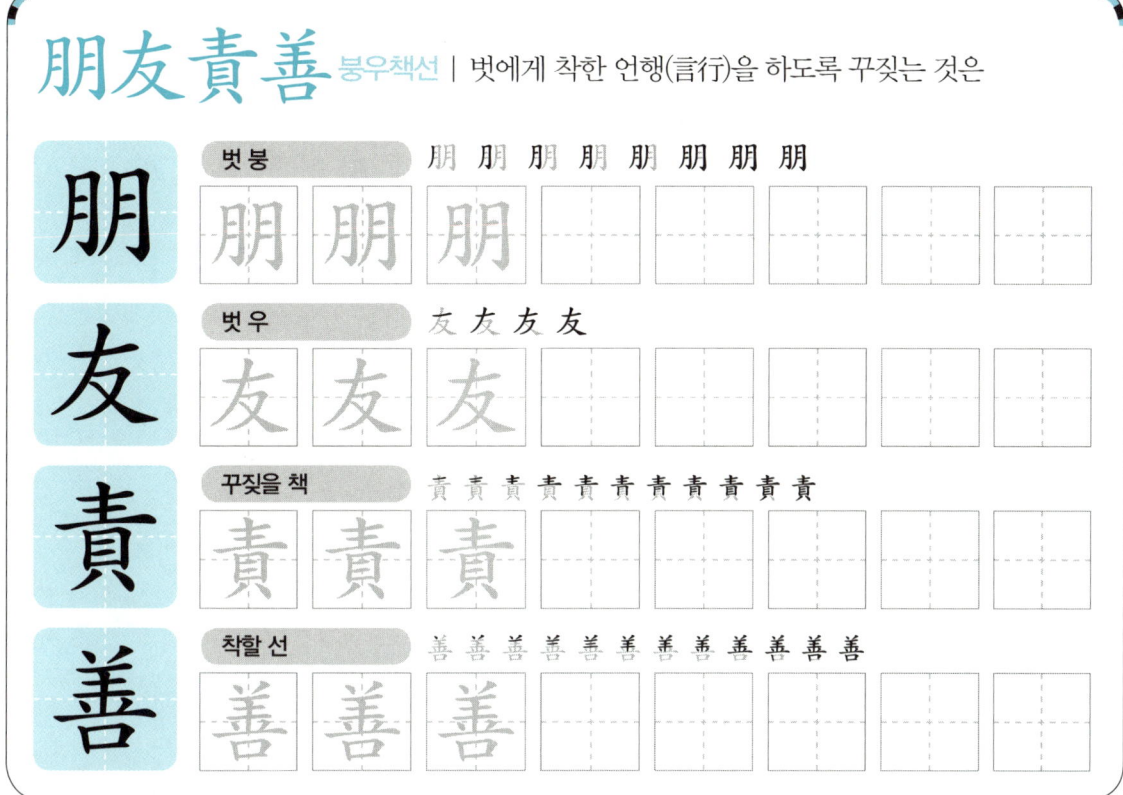

朋友責善 붕우책선 | 벗에게 착한 언행(言行)을 하도록 꾸짖는 것은

以友補仁 이우보인 | 벗으로 하여금 어진 사람이 되도록 돕는 길이다.

厭人責者 염인책자 | 남의 책망을 싫어하는 사람이라면

- 싫을 염: 厭
- 사람 인: 人
- 꾸짖을 책: 責
- 놈 자: 者

其行無進 기행무진 | 그 행동에 있어 아무런 진보가 없다.

- 그 기: 其
- 다닐 행: 行
- 없을 무: 無
- 나아갈 진: 進

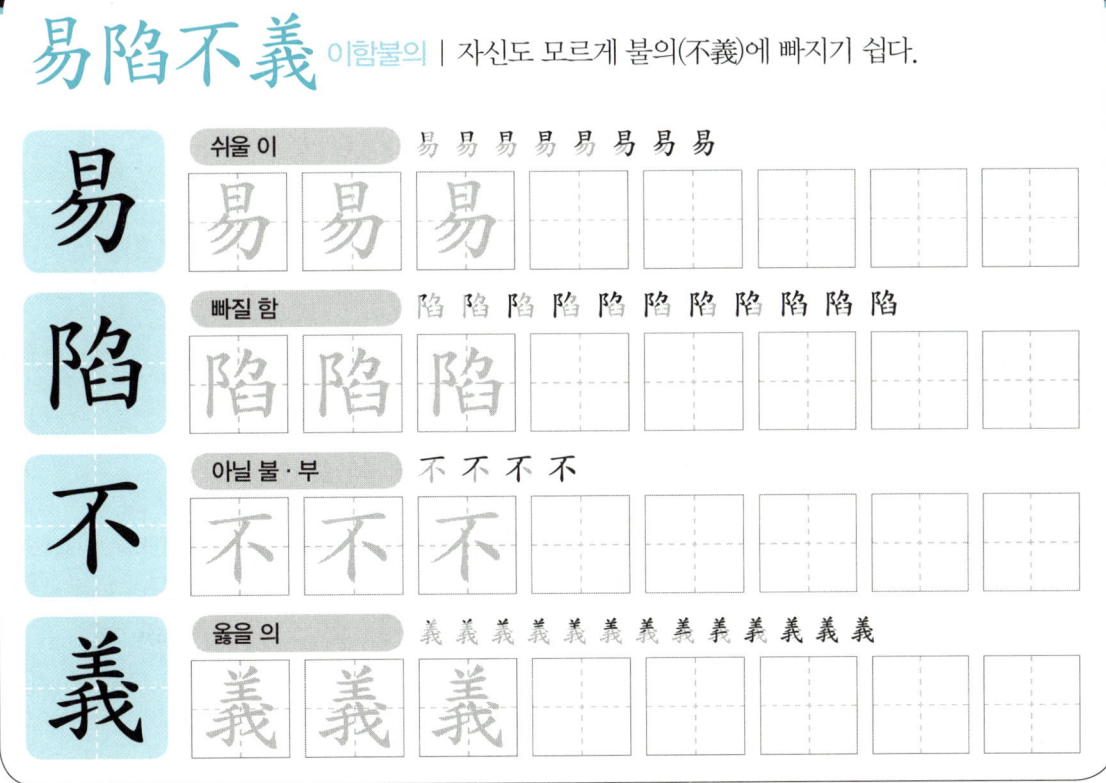

多友之人 다우지인 | 많은 벗을 사귀고 있는 사람이라면

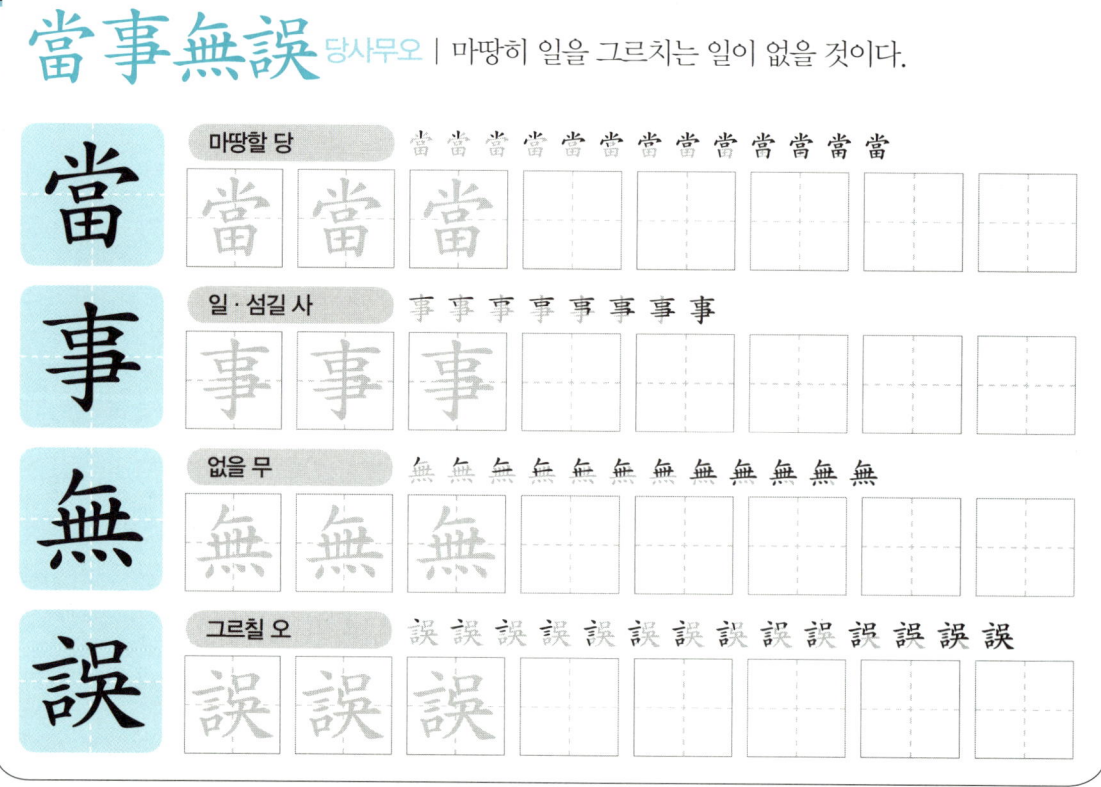

當事無誤 당사무오 | 마땅히 일을 그르치는 일이 없을 것이다.

知心而交 지심이교 | 서로 상대의 마음을 알고 사귀려면

勿與面交 물여면교 | 겉으로나, 형식적으로 사귀어서는 안된다.

彼不大怒 피불대노 | 상대가 나에게 크게 성내지 않으려고 조심하는 것은

彼	저 피
不	아닐 불·부
大	큰 대
怒	성낼 노

反有我害 반유아해 | 도리어 나에게는 해가 된다.

反	돌이킬 반
有	있을 유
我	나 아
害	해로울 해

我益我害 아익아해 | 나에게 이익이 되거나, 손해가 되거나 하는 것은

我	나 아	我 我 我 我 我 我
	더할 익	益 益 益 益 益 益 益 益 益
我	나 아	我 我 我 我 我 我
害	해로울 해	害 害 害 害 害 害 害 害 害

惟在我矣 유재아의 | 오직 나 자신이 하기 나름이다.

惟	오직 유	惟 惟 惟 惟 惟 惟 惟 惟 惟 惟 惟
在	있을 재	在 在 在 在 在 在
我	나 아	我 我 我 我 我 我
矣	어조사 의	矣 矣 矣 矣 矣 矣 矣

內疏外親 내소외친 | 속으로 탐탁치 않게 생각하면서 겉으로는 친한 척하면

內 안 내
內 內 內 內

疏 성글 소
疏 疏 疏 疏 疏 疏 疏 疏 疏 疏 疏

外 바깥 외
外 外 外 外 外

親 친할 · 어버이 친
親 親 親 親 親 親 親 親 親 親 親 親

是謂不信 시위불신 | 이것을 불신(不信)이라 이른다.

是 이 시
是 是 是 是 是 是 是 是 是

謂 이를 위
謂 謂 謂 謂 謂 謂 謂 謂 謂 謂 謂 謂 謂

不 아닐 불 · 부
不 不 不

信 믿을 신
信 信 信 信 信 信 信

欲爲君子 욕위군자 | 군자가 되고자 한다면

何不行此 하불행차 | 어찌 이와 같은 행동을 할 수 있겠는가.

孔孟之道 공맹지도 | 공자·맹자의 도(道 : 가르침)와

구멍 공 孔
孔 孔 孔 孔

맏 맹 孟
孟 孟 孟 孟 孟 孟 孟 孟

갈 지 之
之 之 之 之

길 도 道
道 道 道 道 道 道 道 道 道 道 道

程朱之學 정주지학 | 정자와 주자의 학문(學問)은

한도 정 程
程 程 程 程 程 程 程 程 程 程

붉을 주 朱
朱 朱 朱 朱 朱 朱

갈 지 之
之 之 之 之

배울 학 學
學 學 學 學 學 學 學 學 學 學 學

正其誼而 정기의이 | 그 인의(仁義)를 바르게 하면서도

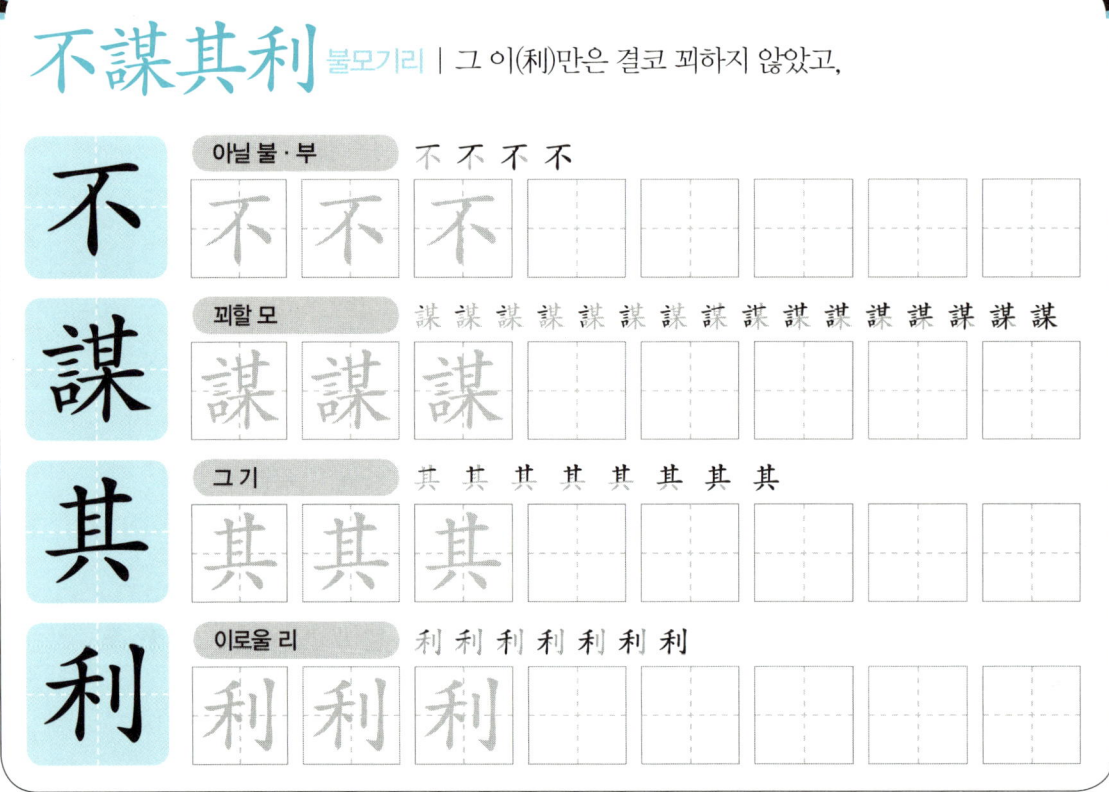

不謀其利 불모기리 | 그 이(利)만은 결코 꾀하지 않았고,

飽食暖衣 포식난의 | 배불리 먹고 따뜻한 옷을 입고

- 飽 배부를 포
- 食 먹을 식
- 暖 따뜻할 난
- 衣 옷 의

逸居無敎 일거무교 | 편안히 살면서 배움이 없다면,

- 逸 편안할 일
- 居 살 거
- 無 없을 무
- 敎 가르칠 교

卽近禽獸 즉근금수 | 곧 금수와 가까운 것이니

- 곧 즉 — 卽
- 가까울 근 — 近
- 날짐승 금 — 禽
- 짐승 수 — 獸

聖人憂之 성인우지 | 성인은 이를 우려함이다.

- 성인 성 — 聖
- 사람 인 — 人
- 근심 우 — 憂
- 갈 지 — 之

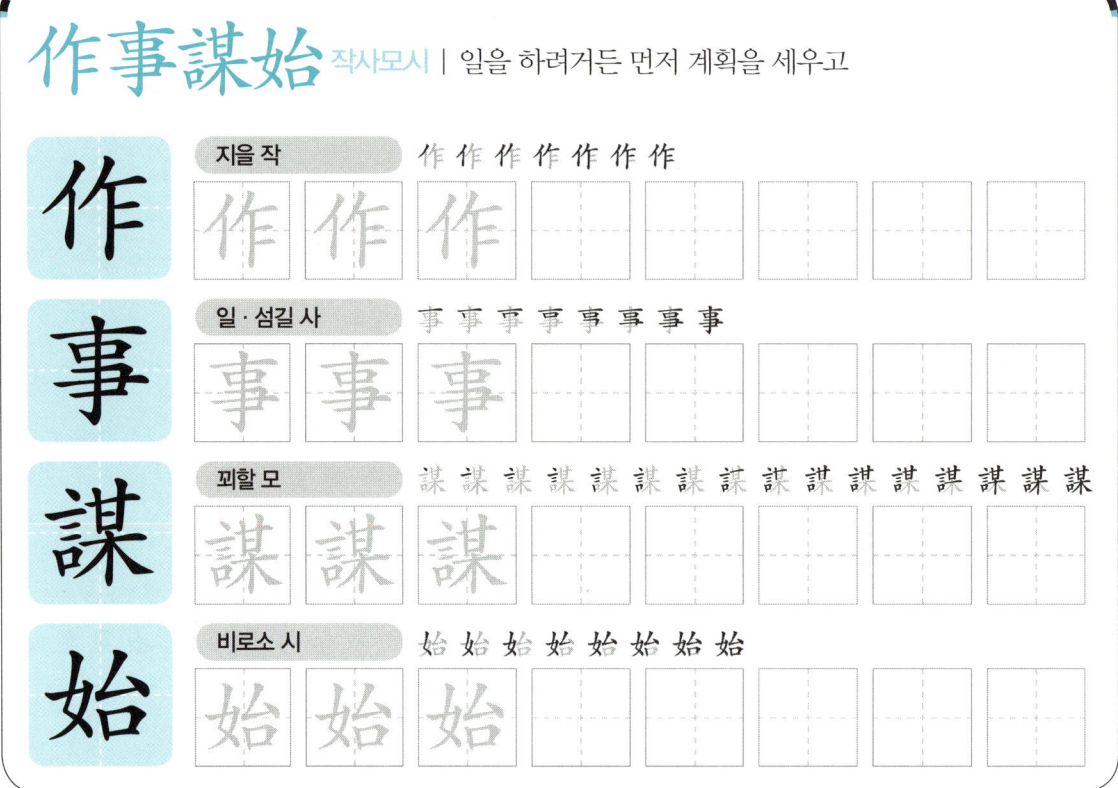

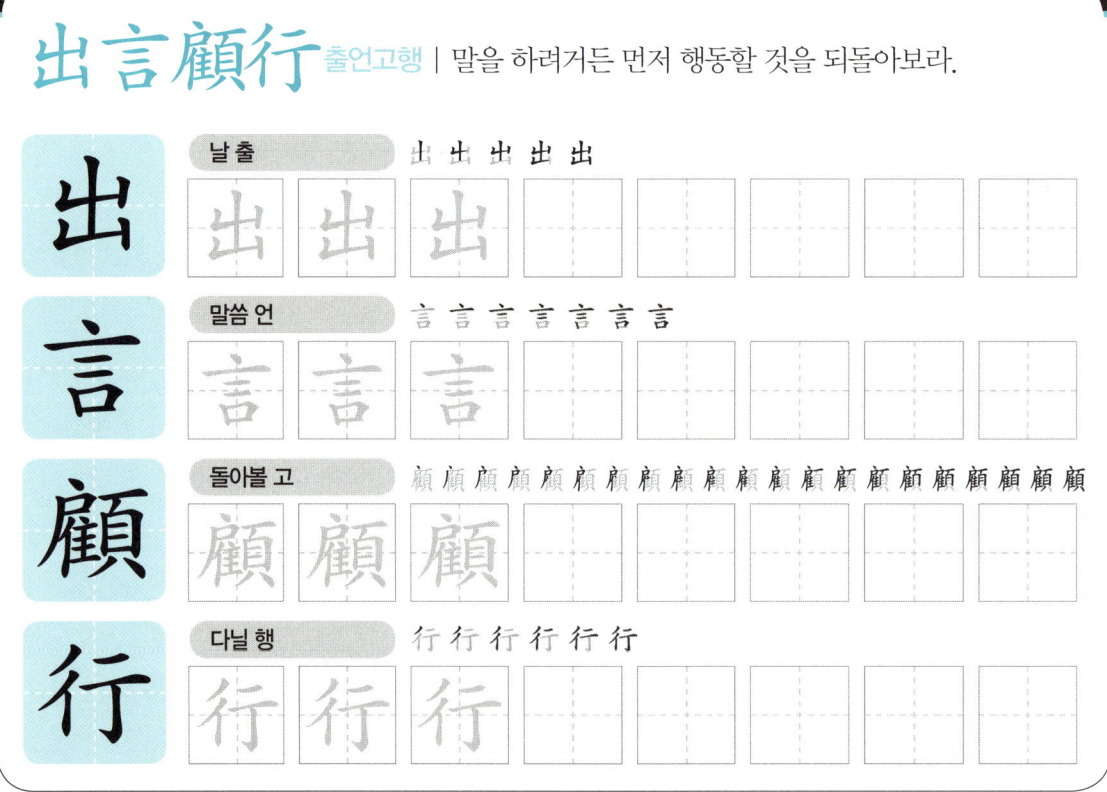

常德固持 상덕고지 | 항상 덕을 굳게 지녀야 하며

- 항상 상: 常
- 큰 덕: 德
- 굳을 고: 固
- 가질 지: 持

然諾重應 연낙중응 | 응하고 허락하는 데는 신중해야 한다.

- 그럴 연: 然
- 허락할 낙: 諾
- 무거울 중: 重
- 응할 응: 應

紙筆墨硯 지필묵연 | 종이와 붓, 먹과 벼루는

- 종이 지: 紙
- 붓 필: 筆
- 먹 묵: 墨
- 벼루 연: 硯

文房四友 문방사우 | 글방의 네 벗이다.

- 글월 문: 文
- 방 방: 房
- 넉 사: 四
- 벗 우: 友

晝耕夜讀 주경야독 | 낮에는 밭을 갈고, 밤에는 글을 읽어

晝 낮 주
耕 밭갈 경
夜 밤 야
讀 읽을 독

盡事待命 진사대명 | 사람으로서 해야 할 일을 다하고 천명(天命)을 기다려라.

盡 다할 진
事 일·섬길 사
待 기다릴 대
命 목숨 명

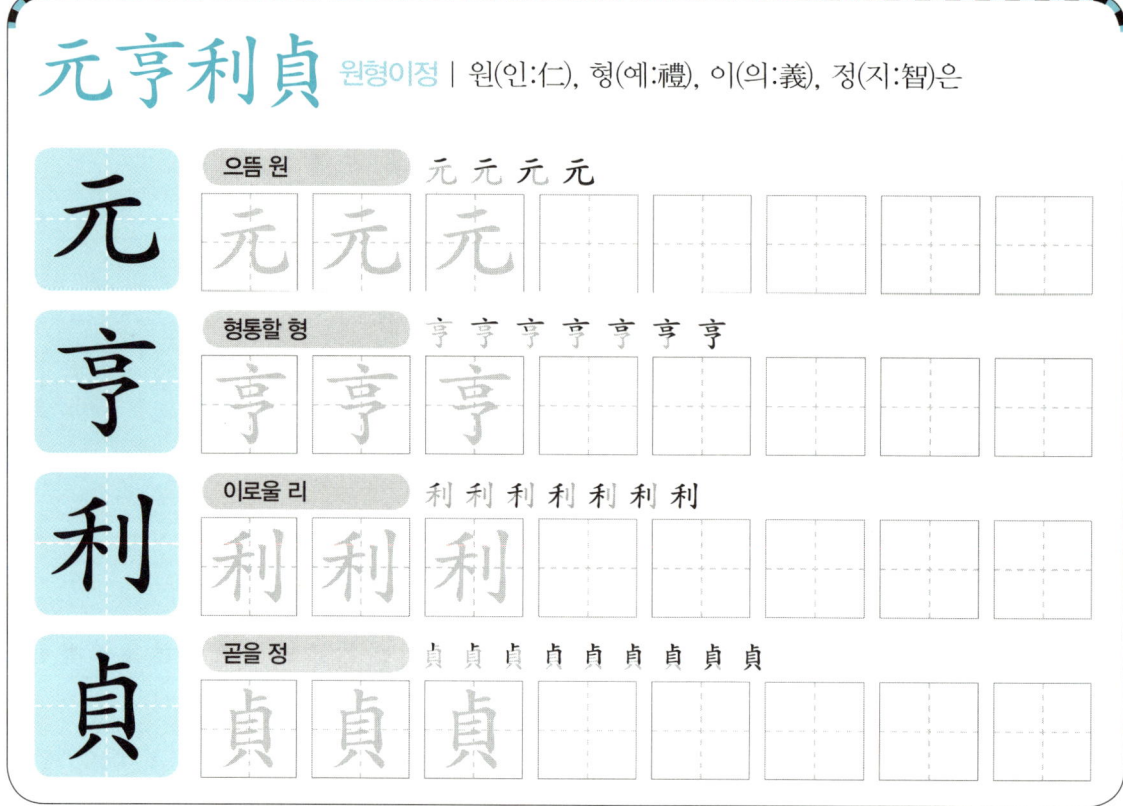

仁義禮智 인의예지 | 어질고, 의롭고, 예의바르고, 지혜로움은

어질 인	仁 仁 仁 仁
옳을 의	義義義義義義義義義義義義
예도 례	禮禮禮禮禮禮禮禮禮禮禮禮禮禮
지혜 지	智智智智智智智智智智智

人性之綱 인성지강 | 인간 성품(性品)의 근본이다.

사람 인	人 人
성품 성	性性性性性性性
갈 지	之之之之
벼리 강	綱綱綱綱綱綱綱綱綱綱

113

禮義廉恥 예의염치

예(禮), 의(義), 염(廉), 치(恥)는 사람이 행해야 할 네 가지 도(道)로

- 예도 례: 禮
- 옳을 의: 義
- 청렴할 렴: 廉
- 부끄러울 치: 恥

是謂四維 시위사유

이를 일러 사유(四維)라고 한다.

- 이 시: 是
- 이를 위: 謂
- 넉 사: 四
- 맬 유: 維

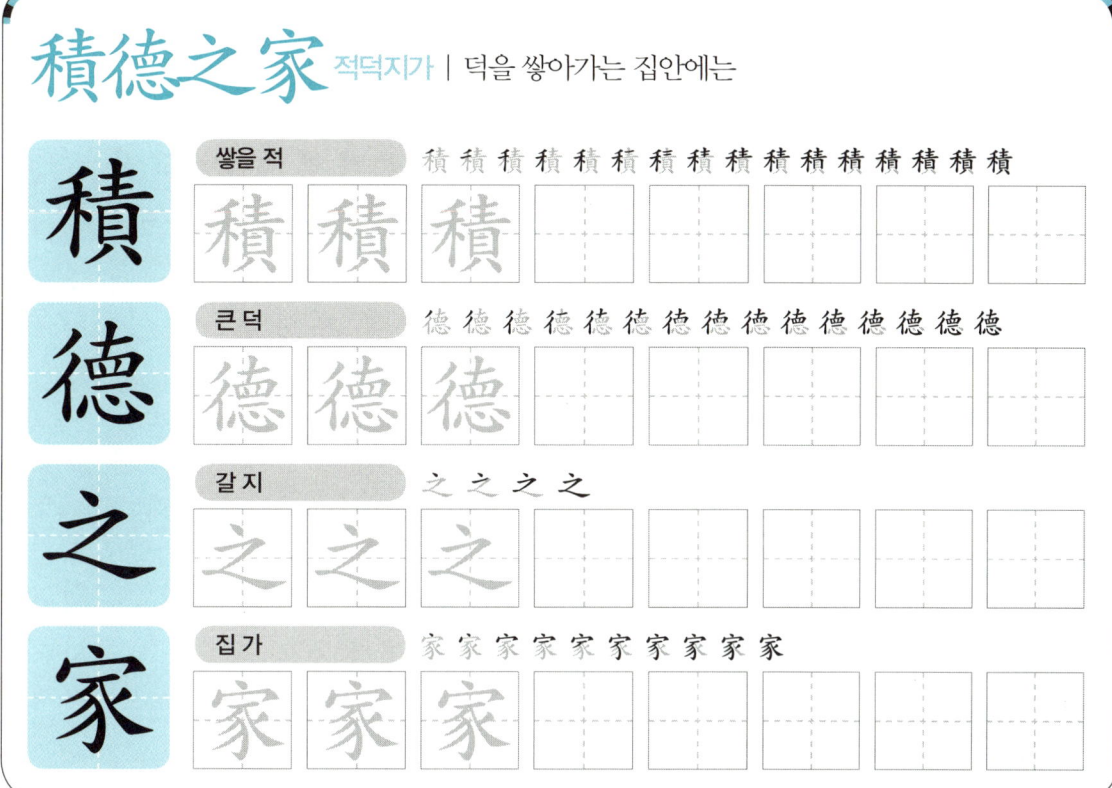

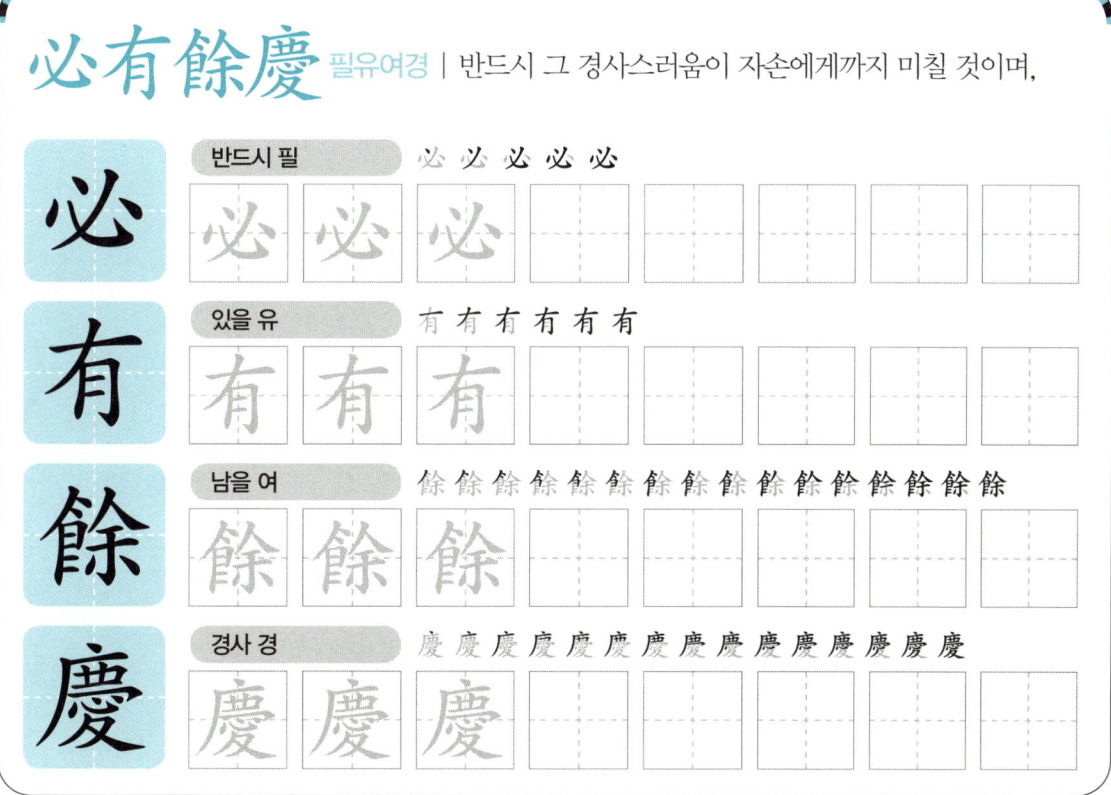

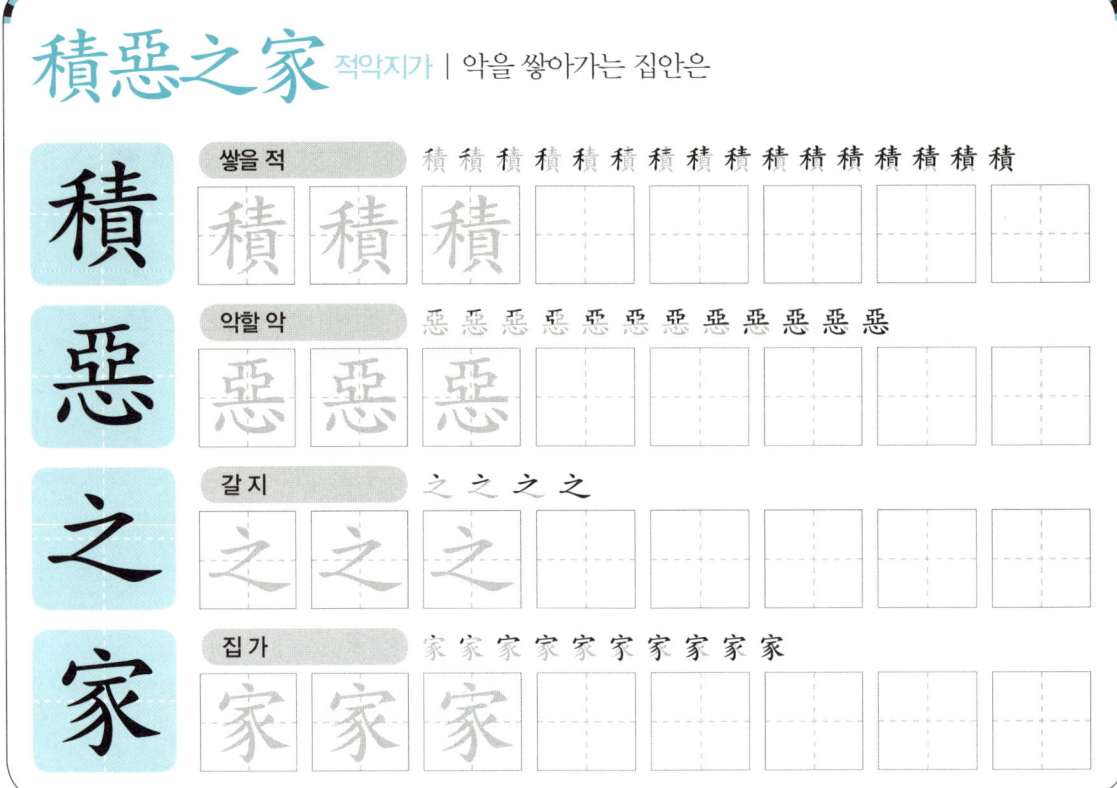

積惡之家 적악지가 | 악을 쌓아가는 집안은

必有餘殃 필유여앙 | 반드시 그 재앙이 자손에게까지 미칠 것이다.

君爲臣綱 군위신강 | 임금은 신하의 벼리이고,

임금 군	君君君君君君君
할 위	爲爲爲爲爲爲爲爲爲爲
신하 신	臣臣臣臣臣臣
벼리 강	綱綱綱綱綱綱綱綱綱綱

父爲子綱 부위자강 | 아버지는 아들의 벼리이며,

아버지 부	父父父父
할 위	爲爲爲爲爲爲爲爲爲爲
아들 자	子子子
벼리 강	綱綱綱綱綱綱綱綱綱綱

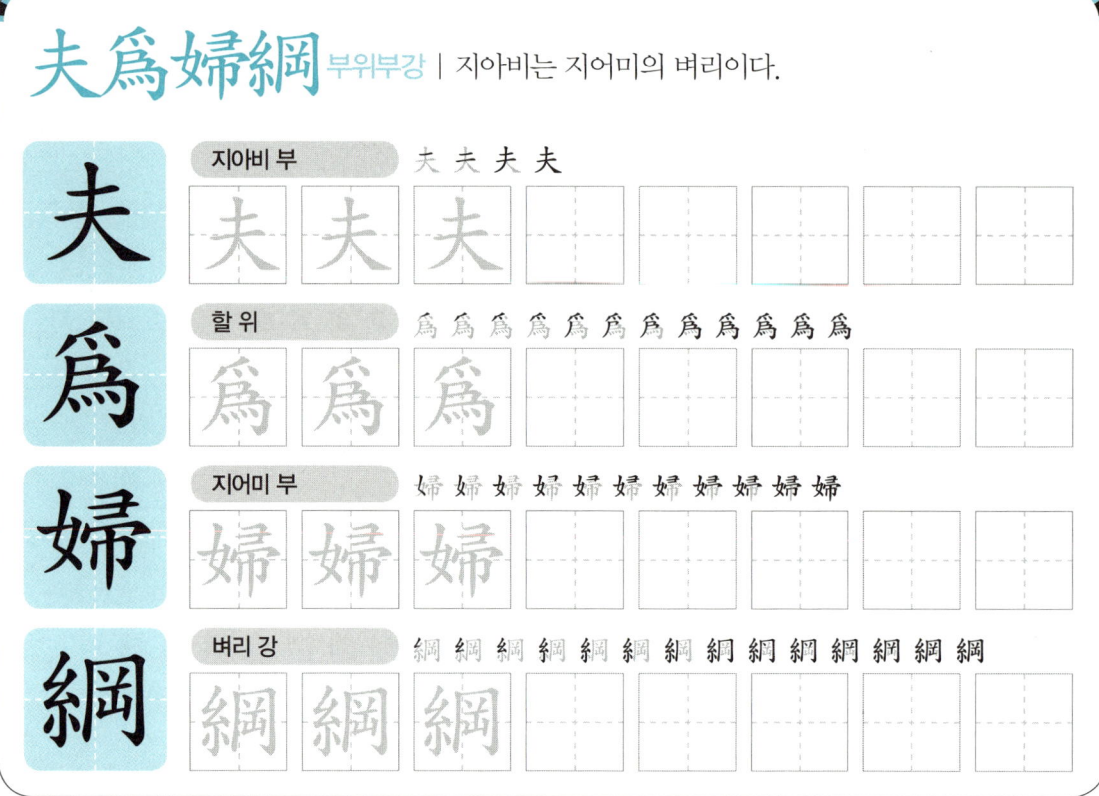

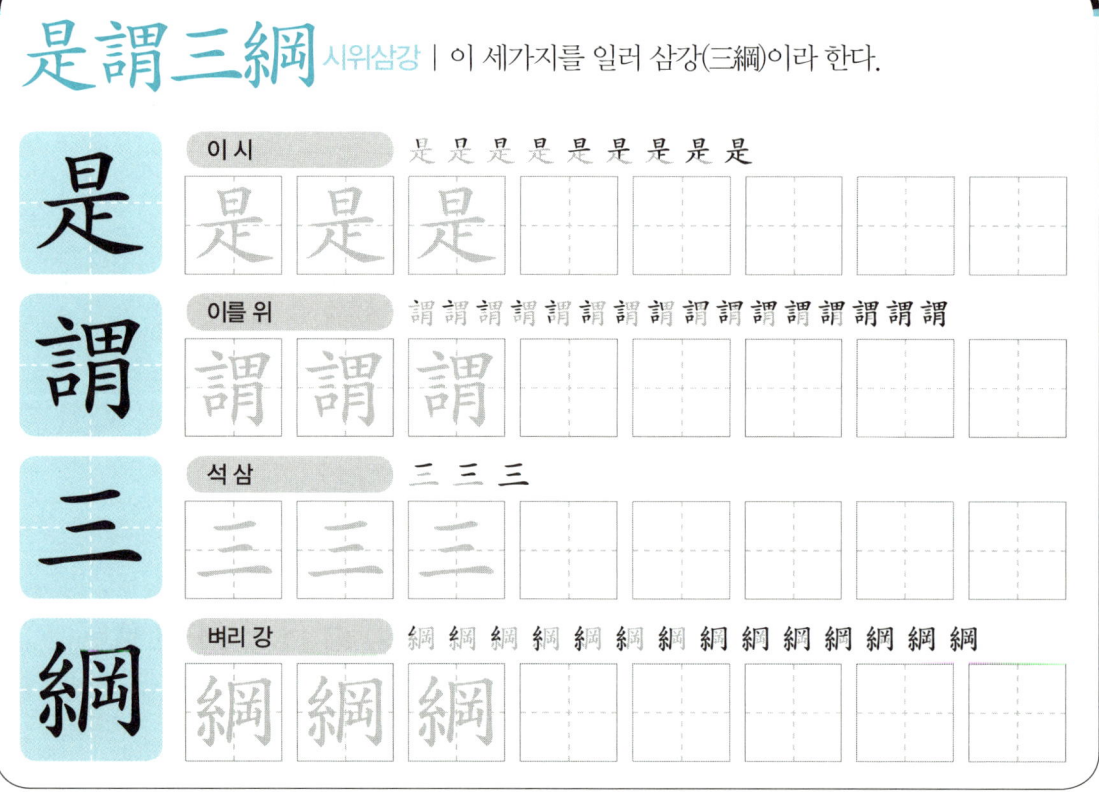

父子有親 부자유친 | 아버지와 아들 사이에는 친함이 있어야 하고,

아버지 부	父
아들 자	子
있을 유	有
친할·어버이 친	親

君臣有義 군신유의 | 임금과 신하 사이에는 의(義)가 있어야 하며,

임금 군	君
신하 신	臣
있을 유	有
옳을 의	義

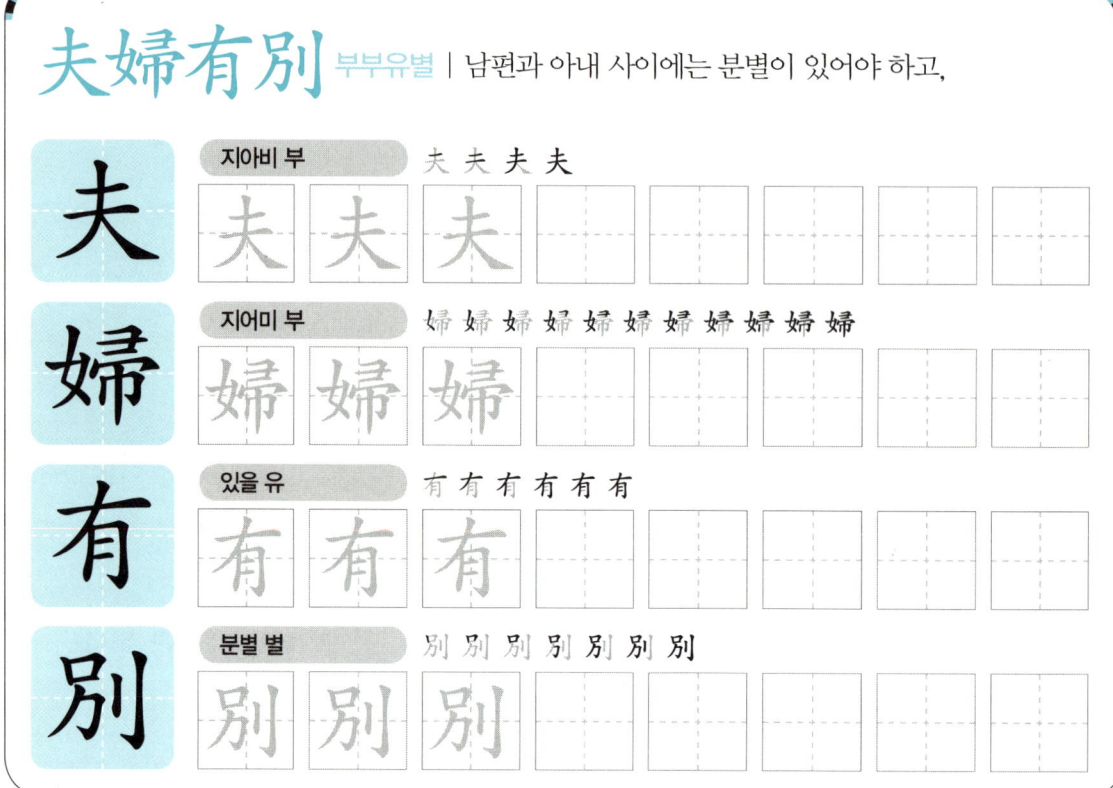

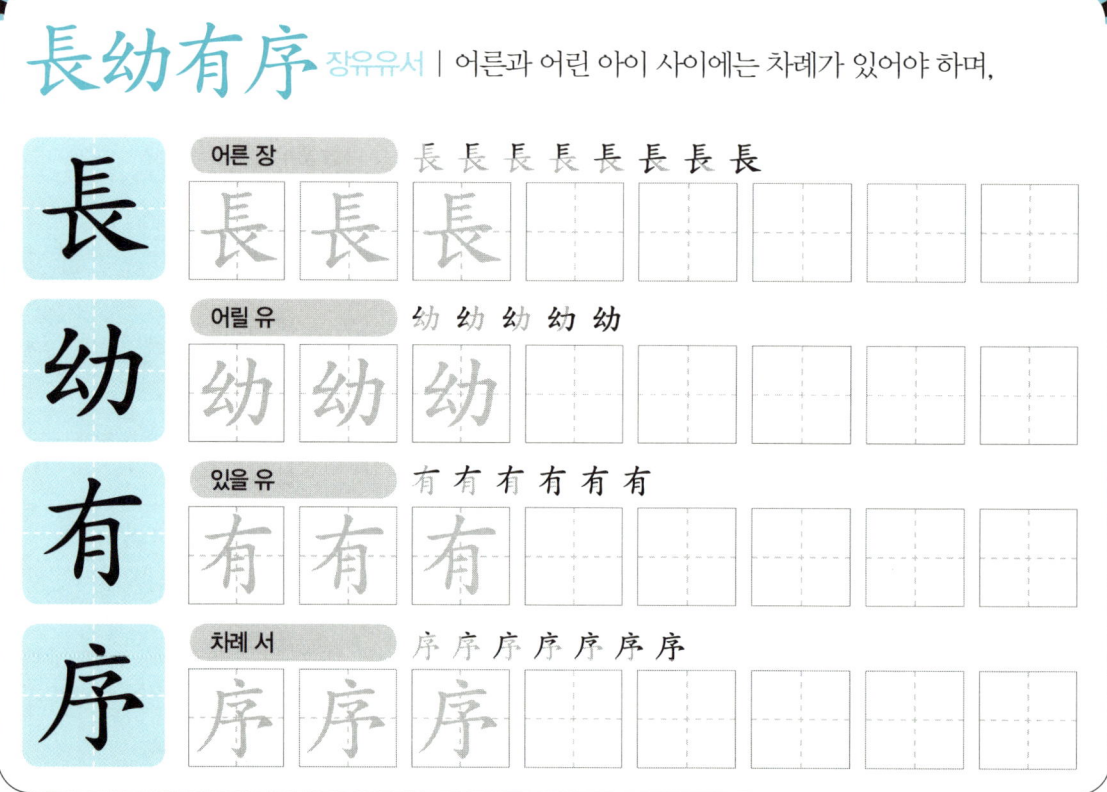

朋友有信 붕우유신 | 벗과 벗 사이에는 신의가 있어야 한다.

벗 붕	朋
벗 우	友
있을 유	有
믿을 신	信

是謂五倫 시위오륜 | 이것을 일러 오륜(五倫)이라 한다.

이 시	是
이를 위	謂
다섯 오	五
인륜 륜	倫

視思必明 시사필명 | 볼 때에는 반드시 분명히 볼 것을 생각해야 하고,

볼 시 視視視視視視視視視視

생각할 사 思思思思思思思思思

반드시 필 必必必必必

밝을 명 明明明明明明明明

聽思必聰 청사필총 | 들을 때에는 반드시 똑똑히 들을 것을 생각하며,

들을 청 聽聽聽聽聽聽聽聽聽聽聽聽聽聽聽聽

생각할 사 思思思思思思思思

반드시 필 必必必必必

귀밝을 총 聰聰聰聰聰聰聰聰聰聰聰聰

色思必溫 색사필온 | 얼굴빛은 반드시 온화하게 나타낼 것을 생각하고,

빛 색 — 色色色色色色
色 色 色

생각할 사 — 思思思思思思思思
思 思 思

반드시 필 — 必必必必必
必 必 必

따뜻할 온 — 溫溫溫溫溫溫溫溫溫溫溫溫溫
溫 溫 溫

貌思必恭 모사필공 | 거동은 반드시 공손히 할 것을 생각하라.

모양 모 — 貌貌貌貌貌貌貌貌貌貌貌貌
貌 貌 貌

생각할 사 — 思思思思思思思思
思 思 思

반드시 필 — 必必必必必
必 必 必

공손할 공 — 恭恭恭恭恭恭恭恭
恭 恭 恭

123

言思必忠 언사필충 | 말에 있어서는 반드시 충직할 것을 생각하고,

- 말씀 언: 言言言言言言言
- 생각할 사: 思思思思思思思思
- 반드시 필: 必必必必必
- 충성 충: 忠忠忠忠忠忠忠

事思必敬 사사필경 | 섬기는데는 반드시 공경할 것을 생각하며,

- 일·섬길 사: 事事事事事事事事
- 생각할 사: 思思思思思思思思
- 반드시 필: 必必必必必
- 공경할 경: 敬敬敬敬敬敬敬敬敬敬

疑思必問 의사필문 | 의문이 있거든 반드시 물을 것을 생각하라.

의심할 의	疑疑疑疑疑疑疑疑疑疑疑疑
생각할 사	思思思思思思思思
반드시 필	必必必必必
물을 문	問問問問問問問問問

忿思必難 분사필난 | 분한 일이 있거든 반드시 어려움이 닥칠까 생각하고,

분할 분	忿忿忿忿忿忿忿忿
생각할 사	思思思思思思思思
반드시 필	必必必必必
어려울 난	難難難難難難難難難難難難難難

見得思義 견득사의 | 이득을 보게 되거든 반드시 의리를 생각해야 한다.

볼 견 — 見見見見見見見
얻을 득 — 得得得得得得得得得
생각할 사 — 思思思思思思思思
옳을 의 — 義義義義義義義義義義義義

是謂九思 시위구사 | 이를 일러 구사(九思)라 하느니라.

이 시 — 是是是是是是是是是
이를 위 — 謂謂謂謂謂謂謂謂謂謂謂謂謂謂
아홉 구 — 九九
생각할 사 — 思思思思思思思思

足容必重 족용필중 | 걸음걸이는 반드시 무게가 있어야 하며,

手容必恭 수용필공 | 손 동작은 반드시 공손하여야 하며,

頭容必直 두용필직 | 머리의 생각은 반드시 곧아야 하고,

머리 두: 頭 頭 頭 頭 頭 頭 頭 頭 頭 頭 頭 頭 頭 頭

얼굴 용: 容 容 容 容 容 容 容 容 容

반드시 필: 必 必 必 必 必

곧을 직: 直 直 直 直 直 直 直

目容必端 목용필단 | 눈 가짐은 반드시 단정(端正)하여야 한다.

눈 목: 目 目 目 目 目

얼굴 용: 容 容 容 容 容 容 容 容 容

반드시 필: 必 必 必 必 必

끝·단정 단: 端 端 端 端 端 端 端 端 端 端

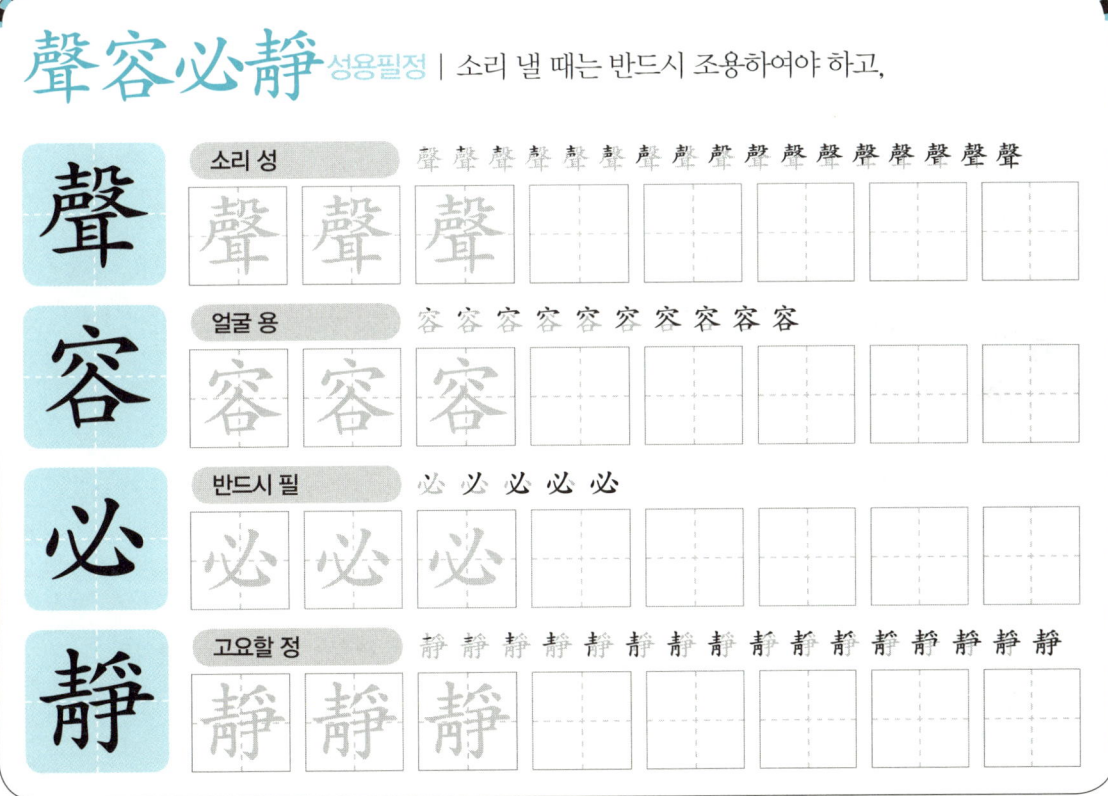

氣容必肅 기용필숙 | 숨을 쉴 때는 반드시 고르고 정숙하여야 하며,

기운 기 氣
얼굴 용 容
반드시 필 必
엄숙할 숙 肅

立容必德 입용필덕 | 서 있는 자세는 반드시 바르고 의젓해야 하고,

설 립 立
얼굴 용 容
반드시 필 必
큰 덕 德

色容必莊 색용필장 | 얼굴빛은 반드시 엄숙하고 단정하여야 한다.

빛 색
色色色色色色
色 色 色

얼굴 용
容容容容容容容容容
容 容 容

반드시 필
必必必必必
必 必 必

장중할 장
莊莊莊莊莊莊莊莊莊莊莊
莊 莊 莊

是謂九容 시위구용 | 이를 일러 구용(九容)이라 하느니라.

이 시
是是是是是是是是是
是 是 是

이를 위
謂謂謂謂謂謂謂謂謂謂謂謂謂謂
謂 謂 謂

아홉 구
九九
九 九 九

얼굴 용
容容容容容容容容容
容 容 容

事師如親 사사여친 | 스승 섬기기를 부모와 같이 하고

일·섬길 사	事
스승 사	師
같을 여	如
친할·어버이 친	親

必恭必敬 필공필경 | 반드시 공손(恭遜)하고 반드시 존경(尊敬)하여라.

반드시 필	必
공손할 공	恭
반드시 필	必
공경할 경	敬

不敎不明 불교불명 | 가르치지 않고, 밝지 못하다면

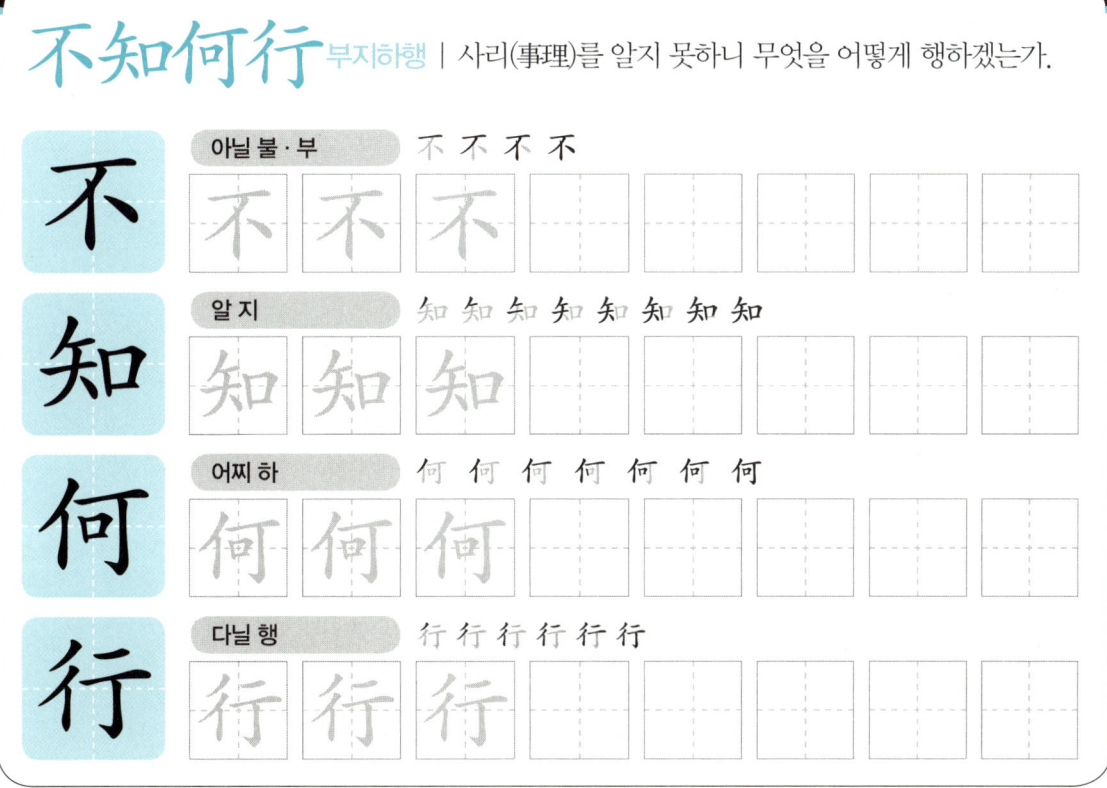

不知何行 부지하행 | 사리(事理)를 알지 못하니 무엇을 어떻게 행하겠는가.

能孝能悌 능효능제 | 부모님께 효도할 수 있고, 어른을 공경할 수 있는 것은

능할 능 能
효도 효 孝
능할 능 能
공손할 제 悌

莫非師恩 막비사은 | 스승의 은혜가 아닌 것이 없고,

아닐 막 莫
아닐 비 非
스승 사 師
은혜 은 恩

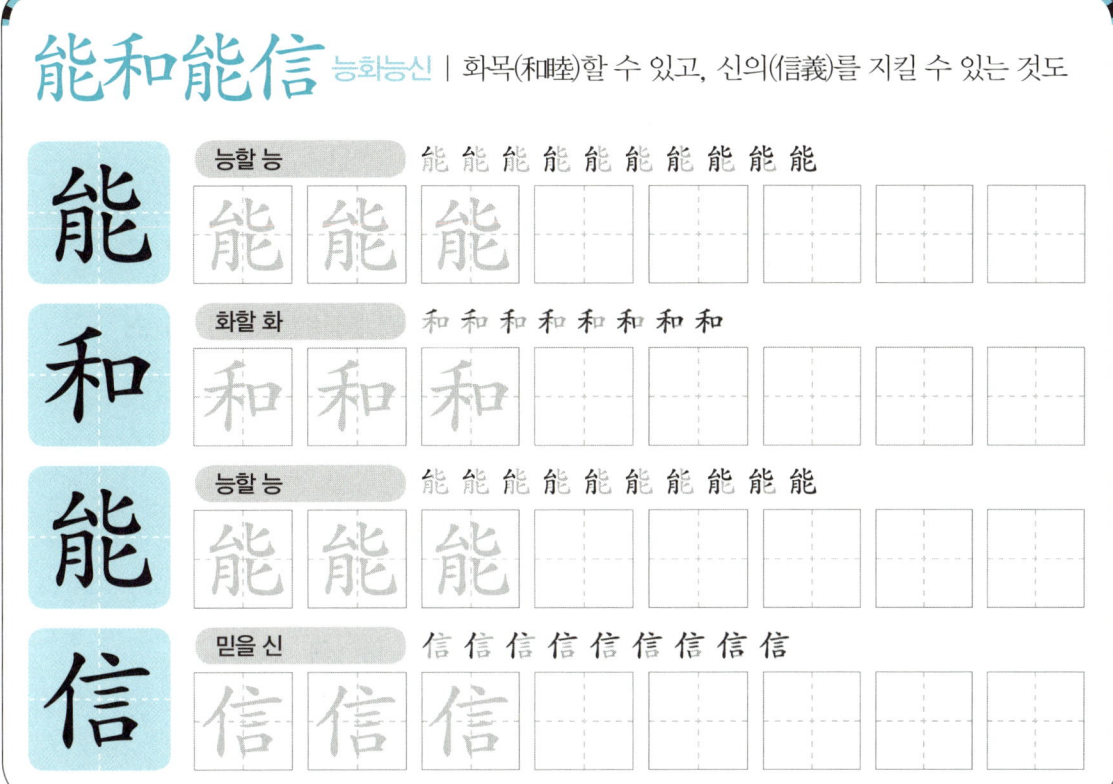

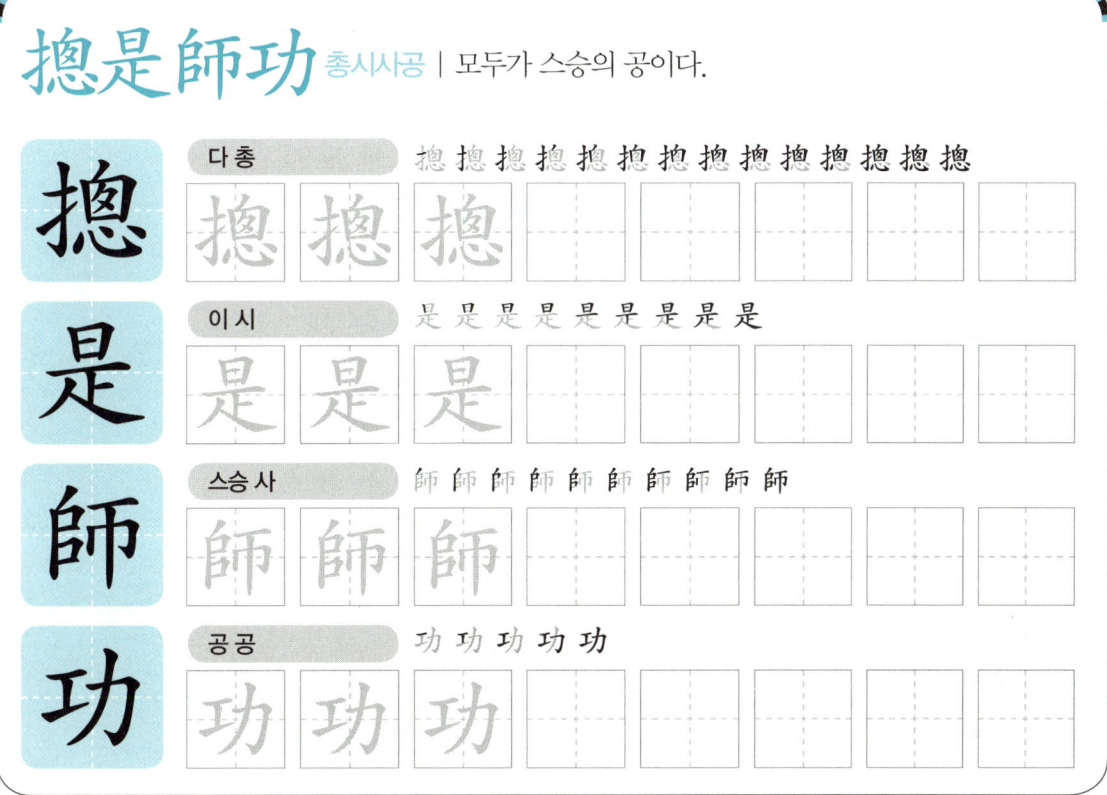

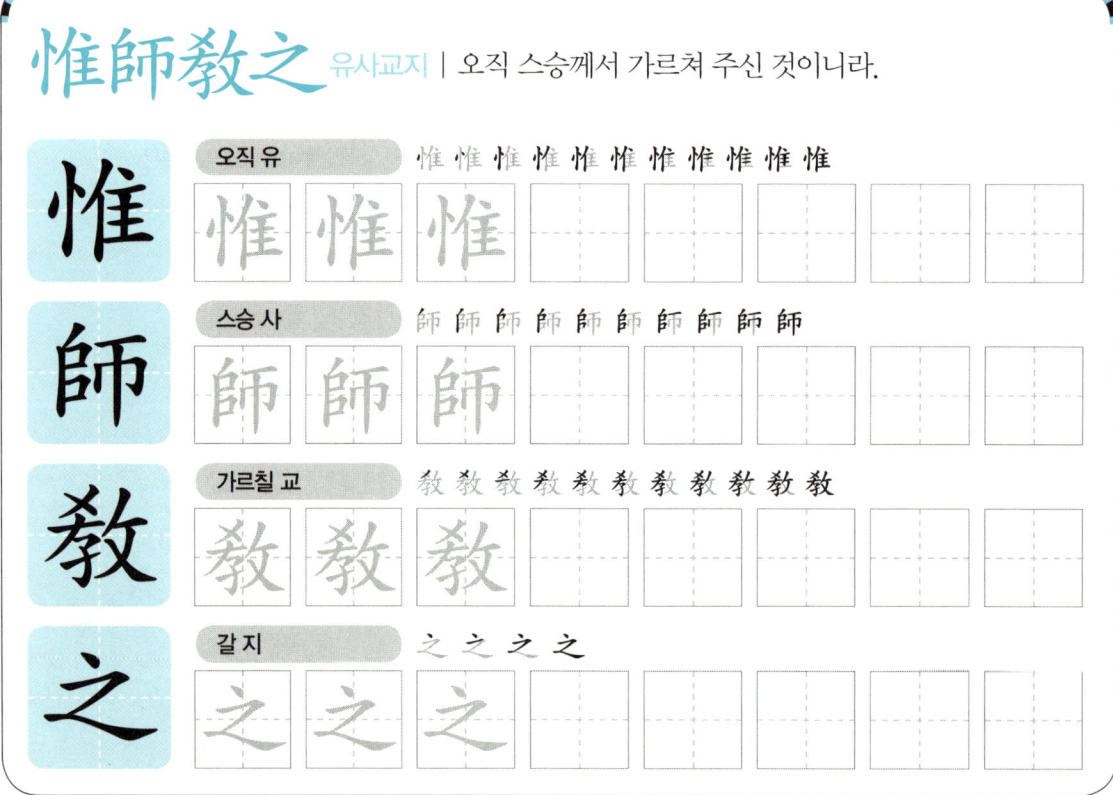

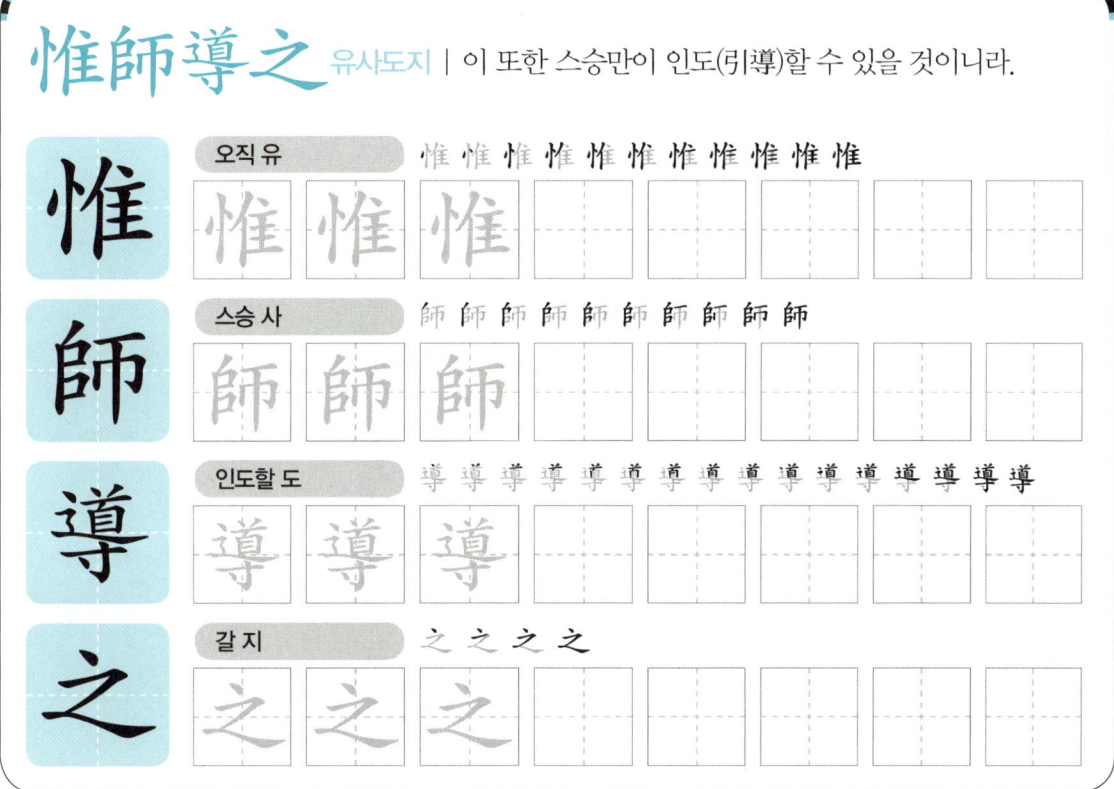

其恩其德 기은기덕 | 그 크나큰 은혜와 그 인자하신 덕이야말로

其 그 기
恩 은혜 은
其 그 기
德 큰 덕

亦如天地 역여천지 | 하늘과 같이 높고, 땅과 같이 두터우니라.

亦 또 역
如 같을 여
天 하늘 천
地 땅 지

欲孝父母 욕효부모 | 부모님께 효도하고자 하면서

- 하고자할 욕 — 欲
- 효도 효 — 孝
- 아버지 부 — 父
- 어머니 모 — 母

何不敬師 하불경사 | 어찌 스승을 공경(恭敬)하지 않으리오.

- 어찌 하 — 何
- 아닐 불·부 — 不
- 공경할 경 — 敬
- 스승 사 — 師

報恩以力 보은이력 | 힘써 은혜를 갚는 것이

人之道也 인지도야 | 사람의 도리일 것이니라.

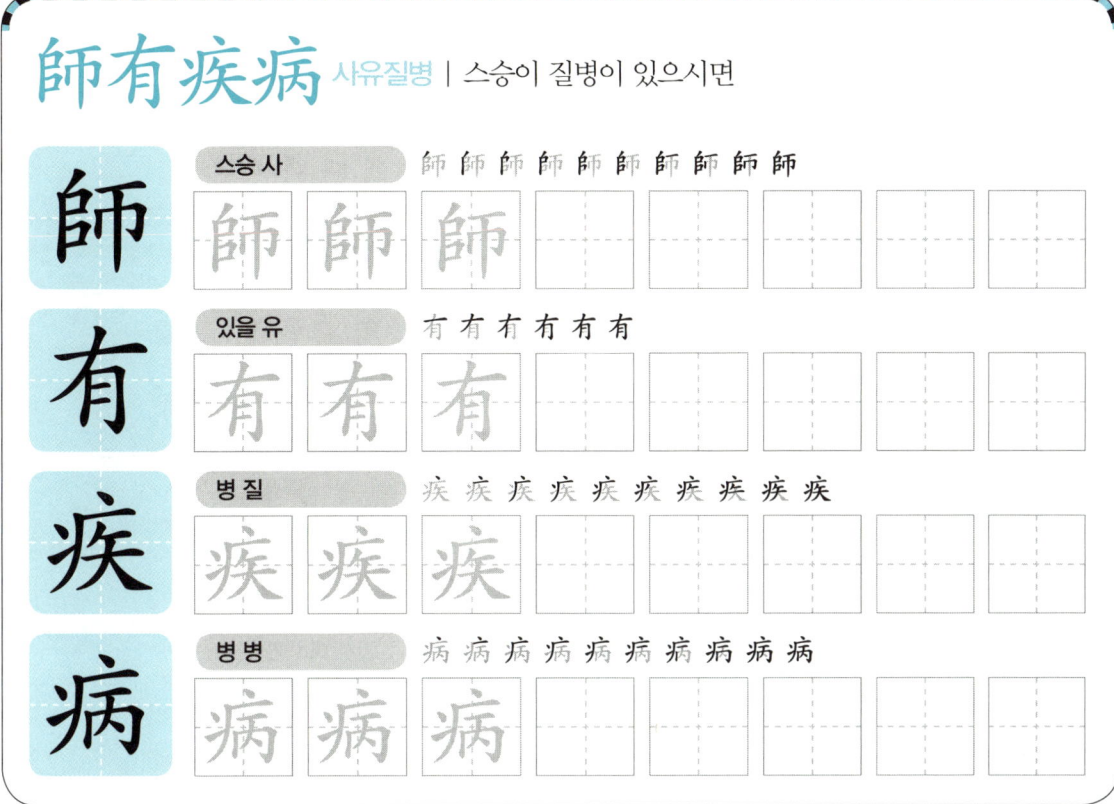

問爾童子 문이동자 | 너의 어린 아이들에게 물어

- 물을 문: 問
- 너 이: 爾
- 아이 동: 童
- 아들 자: 子

或忘師德 혹망사덕 | 혹 스승의 은덕을 잊지 않았나 살펴보아라.

- 혹 혹: 或
- 잊을 망: 忘
- 스승 사: 師
- 큰 덕: 德

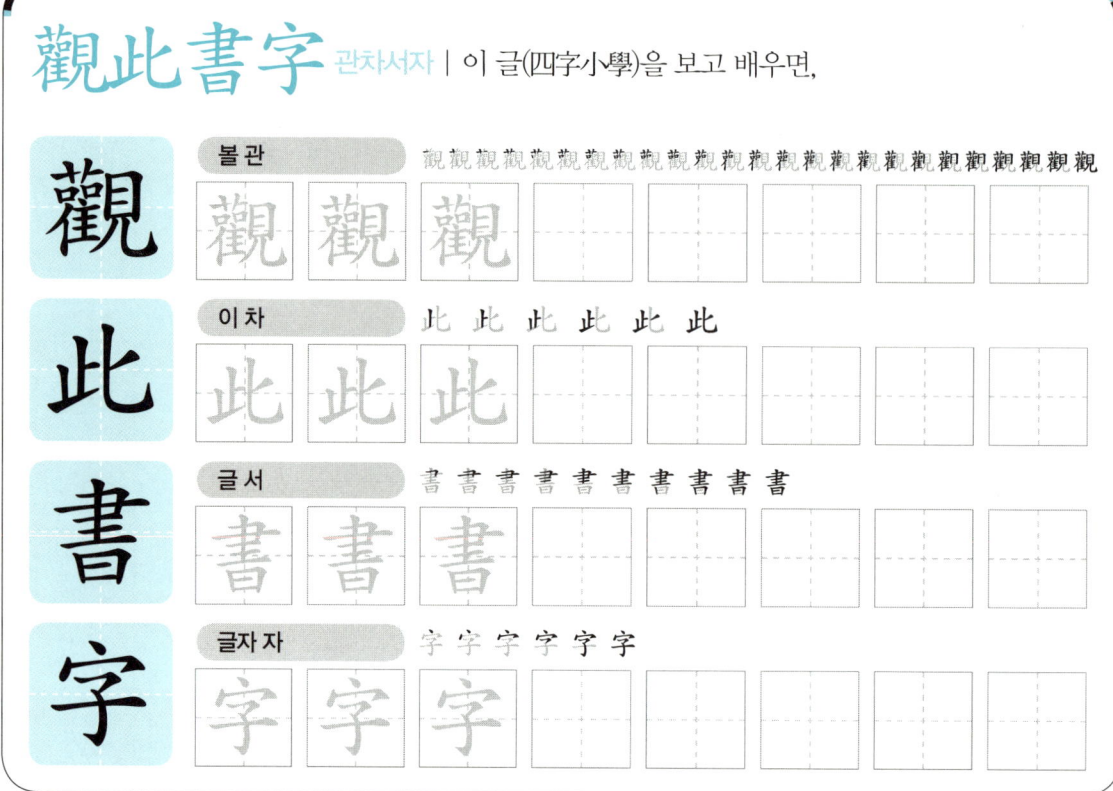

觀此書字 관차서자 | 이 글(四字小學)을 보고 배우면,

何忍不孝 하인불효 | 어찌 불효를 참을 수 있겠는가.

부록

❶ 같은 뜻을 가진 글자 끼리 모여서 된 말 (同意結合語)

❷ 반대의 뜻을 가진 글자를 합친 말 (反意結合語)

❸ 서로 상대되는 말 (相對語)

❹ 같은 뜻과 비슷한 뜻을 가진 말 (同義語, 類義語)

同義結合語

▼ 같은 뜻을 가진 글자끼리 모여서 된 말

歌 노래 가	=	謠 노래 요		具 갖출 구	=	備 갖출 비
家 집 가	=	屋 집 옥		技 재주 기	=	藝 재주 예
覺 깨달을 각	=	悟 깨달을 오		飢 주릴 기	=	餓 주릴 아
間 사이 간	=	隔 사이뜰 격		敦 도타울 돈	=	篤 도타울 독
居 살 거	=	住 살 주		隆 성할 융	=	盛 성할 성
揭 높이들 게	=	揚 올릴 양		勉 힘쓸 면	=	勵 힘쓸 려
堅 굳을 견	=	固 굳을 고		滅 멸망할 멸	=	亡 망할 망
雇 품팔 고	=	傭 품팔이 용		毛 털 모	=	髮 터럭 발
恭 공손할 공	=	敬 공경할 경		茂 우거질 무	=	盛 성할 성
恐 두려울 공	=	怖 두려울 포		返 돌이킬 반	=	還 돌아올 환
貢 바칠 공	=	獻 드릴 헌		法 법 법	=	典 법 전
空 빌 공	=	虛 빌 허		扶 도울 부	=	助 도울 조
攻 칠 공	=	擊 칠 격		附 붙을 부	=	屬 붙을 속
過 지날 과	=	去 갈 거		墳 무덤 분	=	墓 무덤 묘

批 비평할 비 = 評 평론할 평
舍 집 사 = 宅 집 택
釋 풀 석 = 放 놓을 방
選 가릴 선 = 擇 가릴 택
洗 씻을 세 = 濯 빨 탁
樹 나무 수 = 木 나무 목
始 처음 시 = 初 처음 초
身 몸 신 = 體 몸 체
尋 찾을 심 = 訪 찾을 방
哀 슬플 애 = 悼 슬퍼할 도
念 생각할 염 = 慮 생각할 려
要 구할 요 = 求 구할 구
憂 근심 우 = 愁 근심 수
怨 원망할 원 = 恨 한할 한
恩 은혜 은 = 惠 은혜 혜
衣 옷 의 = 服 옷 복
災 재앙 재 = 禍 재앙 화
貯 쌓을 저 = 蓄 쌓을 축

淨 깨끗할 정 = 潔 깨끗할 결
精 정성 정 = 誠 정성 성
製 지을 제 = 作 지을 작
製 지을 제 = 造 지을 조
終 마칠 종 = 了 마칠 료
住 살 주 = 居 살 거
俊 뛰어날 준 = 秀 빼어날 수
中 가운데 중 = 央 가운데 앙
知 알 지 = 識 알 식
進 나아갈 진 = 就 나아갈 취
珍 보배 진 = 寶 보배 보
質 물을 질 = 問 물을 문
倉 곳집 창 = 庫 곳집 고
菜 나물 채 = 蔬 나물 소
尺 자 척 = 度 자 도
聽 들을 청 = 聞 들을 문
清 맑을 청 = 潔 깨끗할 결
清 맑을 청 = 淨 맑을 정

打 칠 타	=	擊 칠 격	恒 항상 항	=	常 항상 상
討 칠 토	=	伐 칠 벌	和 화할 화	=	睦 화목할 목
鬪 싸움 투	=	爭 다툴 쟁	歡 기쁠 환	=	喜 기쁠 희
畢 마칠 필	=	竟 마침내 경	皇 임금 황	=	帝 임금 제
寒 찰 한	=	冷 찰 냉	希 바랄 희	=	望 바랄 망

反義結合語

▼ 다른 뜻을 가진 글자끼리 모여서 된 말

加 더할 가	⇔	減 덜 감	慶 경사 경	⇔	弔 조상할 조
可 옳을 가	⇔	否 아닐 부	經 날 경	⇔	緯 씨 위
干 방패 간	⇔	戈 창 과	苦 괴로울 고	⇔	樂 즐거울 락
强 강할 강	⇔	弱 약할 약	高 높을 고	⇔	低 낮을 저
開 열 개	⇔	閉 닫을 폐	姑 시어미 고	⇔	婦 며느리 부
去 갈 거	⇔	來 올 래	功 공 공	⇔	過 허물 과
乾 하늘 건	⇔	坤 땅 곤	攻 칠 공	⇔	防 막을 방
輕 가벼울 경	⇔	重 무거울 중	近 가까울 근	⇔	遠 멀 원

吉 길할 길	⇔	凶 흉할 흉	死 죽을 사	⇔	活 살 활
難 어려울 난	⇔	易 쉬울 이	善 착할 선	⇔	惡 악할 악
濃 짙을 농	⇔	淡 엷을 담	盛 성할 성	⇔	衰 쇠잔할 쇠
斷 끊을 단	⇔	續 이을 속	成 이룰 성	⇔	敗 패할 패
當 마땅 당	⇔	落 떨어질 락	疏 드물 소	⇔	密 빽빽할 밀
貸 빌릴 대	⇔	借 빌려줄 차	損 덜 손	⇔	益 더할 익
得 얻을 득	⇔	失 잃을 실	送 보낼 송	⇔	迎 맞을 영
來 올 래	⇔	往 갈 왕	首 머리 수	⇔	尾 꼬리 미
冷 찰 랭	⇔	溫 따뜻할 온	受 받을 수	⇔	授 줄 수
賣 팔 매	⇔	買 살 매	需 쓸 수	⇔	給 줄 급
明 밝을 명	⇔	暗 어두울 암	乘 오를 승	⇔	降 내릴 강
矛 창 모	⇔	盾 방패 순	勝 이길 승	⇔	敗 패할 패
問 물을 문	⇔	答 답할 답	始 비로소 시	⇔	末 끝 말
美 아름다울 미	⇔	醜 추할 추	始 비로소 시	⇔	終 마칠 종
腹 배 복	⇔	背 등 배	新 새 신	⇔	舊 예 구
浮 뜰 부	⇔	沈 잠길 침	伸 펼 신	⇔	縮 오그라들 축
夫 지아비 부	⇔	妻 아내 처	深 깊을 심	⇔	淺 얕을 천
貧 가난할 빈	⇔	富 부할 부	安 편안할 안	⇔	危 위태할 위

愛 사랑 애	⇔	憎 미워할 증		眞 참 진	⇔	僞 거짓 위
哀 슬플 애	⇔	歡 기뻐할 환		集 모을 집	⇔	散 흩을 산
抑 누를 억	⇔	揚 들날릴 양		添 더할 첨	⇔	削 깍을 삭
榮 영화 영	⇔	辱 욕될 욕		淸 맑을 청	⇔	濁 흐릴 탁
緩 느릴 완	⇔	急 급할 급		出 날 출	⇔	納 들일 납
往 갈 왕	⇔	復 돌아올 복		親 친할 친	⇔	疎 성길 소
優 우수할 우	⇔	劣 못할 열		表 겉 표	⇔	裏 속 리
隱 숨을 은	⇔	現 나타날 현		寒 찰 한	⇔	暖 따뜻할 난
恩 은혜 은	⇔	怨 원망할 원		虛 빌 허	⇔	實 열매 실
陰 그늘 음	⇔	陽 볕 양		禍 재화 화	⇔	福 복 복
離 떠날 리	⇔	合 합할 합		厚 두터울 후	⇔	薄 엷을 박
任 맡길 임	⇔	免 면할 면		喜 기쁠 희	⇔	悲 슬플 비
雌 암컷 자	⇔	雄 수컷 웅				
朝 아침 조	⇔	夕 저녁 석				
早 이를 조	⇔	晩 늦을 만				
尊 높을 존	⇔	卑 낮을 비				
主 주인 주	⇔	從 따를 종				
增 더할 증	⇔	減 덜 감				

相對語

▼ 서로 상대되는 말

可決 가결	⇔ 否決 부결	巨富 거부	⇔ 極貧 극빈
架空 가공	⇔ 實際 실제	拒絶 거절	⇔ 承諾 승락
假象 가상	⇔ 實在 실재	建設 건설	⇔ 破壞 파괴
加熱 가열	⇔ 冷却 냉각	乾燥 건조	⇔ 濕潤 습윤
干涉 간섭	⇔ 放任 방임	傑作 걸작	⇔ 拙作 졸작
減少 감소	⇔ 增加 증가	儉約 검약	⇔ 浪費 낭비
感情 감정	⇔ 理性 이성	輕減 경감	⇔ 加重 가중
剛健 강건	⇔ 柔弱 유약	經度 경도	⇔ 緯度 위도
强硬 강경	⇔ 柔和 유화	輕率 경솔	⇔ 愼重 신중
開放 개방	⇔ 閉鎖 폐쇄	輕視 경시	⇔ 重視 중시
個別 개별	⇔ 全體 전체	高雅 고아	⇔ 卑俗 비속
客觀 객관	⇔ 主觀 주관	固定 고정	⇔ 流動 유동
客體 객체	⇔ 主體 주체	高調 고조	⇔ 低調 저조
巨大 거대	⇔ 微少 미소	供給 공급	⇔ 需要 수요

空想 공상	⇔ 現實 현실	落第 낙제	⇔ 及第 급제
過激 과격	⇔ 穩健 온건	樂天 낙천	⇔ 厭世 염세
官尊 관존	⇔ 民卑 민비	暖流 난류	⇔ 寒流 한류
光明 광명	⇔ 暗黑 암흑	濫用 남용	⇔ 節約 절약
巧妙 교묘	⇔ 拙劣 졸렬	朗讀 낭독	⇔ 黙讀 묵독
拘禁 구금	⇔ 釋放 석방	內容 내용	⇔ 形式 형식
拘束 구속	⇔ 放免 방면	老鍊 노련	⇔ 未熟 미숙
求心 구심	⇔ 遠心 원심	濃厚 농후	⇔ 稀薄 희박
屈服 굴복	⇔ 抵抗 저항	能動 능동	⇔ 被動 피동
權利 권리	⇔ 義務 의무	多元 다원	⇔ 一元 일원
急性 급성	⇔ 慢性 만성	單純 단순	⇔ 複雜 복잡
急行 급행	⇔ 緩行 완행	單式 단식	⇔ 複式 복식
肯定 긍정	⇔ 否定 부정	短縮 단축	⇔ 延長 연장
旣決 기결	⇔ 未決 미결	大乘 대승	⇔ 小乘 소승
奇拔 기발	⇔ 平凡 평범	對話 대화	⇔ 獨白 독백
飢餓 기아	⇔ 飽食 포식	都心 도심	⇔ 郊外 교외
吉兆 길조	⇔ 凶兆 흉조	獨創 독창	⇔ 模倣 모방
樂觀 낙관	⇔ 悲觀 비관	滅亡 멸망	⇔ 興隆 흥륭

名譽 명예 ⇔ 恥辱 치욕		非番 비번 ⇔ 當番 당번	
無能 무능 ⇔ 有能 유능		非凡 비범 ⇔ 平凡 평범	
物質 물질 ⇔ 精神 정신		悲哀 비애 ⇔ 歡喜 환희	
密集 밀집 ⇔ 散在 산재		死後 사후 ⇔ 生前 생전	
反抗 반항 ⇔ 服從 복종		削減 삭감 ⇔ 添加 첨가	
放心 방심 ⇔ 操心 조심		散文 산문 ⇔ 韻文 운문	
背恩 배은 ⇔ 報恩 보은		相剋 상극 ⇔ 相生 상생	
凡人 범인 ⇔ 超人 초인		常例 상례 ⇔ 特例 특례	
別居 별거 ⇔ 同居 동거		詳述 상술 ⇔ 略述 약술	
保守 보수 ⇔ 進步 진보		喪失 상실 ⇔ 獲得 획득	
本業 본업 ⇔ 副業 부업		生食 생식 ⇔ 火食 화식	
敷衍 부연 ⇔ 省略 생략		先天 선천 ⇔ 後天 후천	
不運 불운 ⇔ 幸運 행운		成熟 성숙 ⇔ 未熟 미숙	
富裕 부유 ⇔ 貧窮 빈궁		消極 소극 ⇔ 積極 적극	
否認 부인 ⇔ 是認 시인		所得 소득 ⇔ 損失 손실	
分析 분석 ⇔ 綜合 종합		疎遠 소원 ⇔ 親近 친근	
紛爭 분쟁 ⇔ 和解 화해		淑女 숙녀 ⇔ 紳士 신사	
不實 부실 ⇔ 充實 충실		順行 순행 ⇔ 逆行 역행	

連敗 연패	⇔	連勝 연승	弔客 조객	⇔	賀客 하객
靈魂 영혼	⇔	肉體 육체	直系 직계	⇔	傍系 방계
偶然 우연	⇔	必然 필연	眞實 진실	⇔	虛僞 허위
憂鬱 우울	⇔	明朗 명랑	質疑 질의	⇔	應答 응답
恩惠 은혜	⇔	怨恨 원한	斬新 참신	⇔	陳腐 진부
依他 의타	⇔	自立 자립	縮小 축소	⇔	擴大 확대
人爲 인위	⇔	自然 자연	快樂 쾌락	⇔	苦痛 고통
立體 입체	⇔	平面 평면	快勝 쾌승	⇔	慘敗 참패
入港 입항	⇔	出港 출항	退化 퇴화	⇔	進化 진화
自動 자동	⇔	手動 수동	敗北 패배	⇔	勝利 승리
自律 자율	⇔	他律 타율	虐待 학대	⇔	優待 우대
自意 자의	⇔	他意 타의	合法 합법	⇔	違法 위법
敵對 적대	⇔	友好 우호	好材 호재	⇔	惡材 악재
絶對 절대	⇔	相對 상대	好轉 호전	⇔	逆轉 역전
漸進 점진	⇔	急進 급진	好況 호황	⇔	不況 불황
靜肅 정숙	⇔	騷亂 소란	興奮 흥분	⇔	鎭靜 진정
正午 정오	⇔	子正 자정			
定着 정착	⇔	漂流 표류			

同義語, 類義語

▼ 같은 뜻과 비슷한 뜻을 가진 말

巨商 거상	=	大商 대상
謙遜 겸손	=	謙虛 겸허
古刹 고찰	=	古寺 고사
共鳴 공명	=	首肯 수긍
觀點 관점	=	見解 견해
交涉 교섭	=	折衝 절충
矜持 긍지	=	自負 자부
飢死 기사	=	餓死 아사
落心 낙심	=	落膽 낙담
丹靑 단청	=	彩色 채색
答書 답서	=	答狀 답장
同窓 동창	=	同門 동문
莫論 막론	=	勿論 물론
妄想 망상	=	夢想 몽상

瞑想 명상	=	思想 사상
侮蔑 모멸	=	凌蔑 능멸
矛盾 모순	=	撞着 당착
謀陷 모함	=	中傷 중상
目睹 목도	=	目擊 목격
貿易 무역	=	交易 교역
放浪 방랑	=	流浪 유랑
背恩 배은	=	亡德 망덕
煩悶 번민	=	煩惱 번뇌
兵營 병영	=	兵舍 병사
符合 부합	=	一致 일치
思考 사고	=	思惟 사유
寺院 사원	=	寺刹 사찰
上旬 상순	=	初旬 초순

象徵 상징	=	表象 표상		祭需 제수	=	祭物 제물
書簡 서간	=	書翰 서한		朝廷 조정	=	政府 정부
先考 선고	=	先親 선친		造花 조화	=	假花 가화
昭詳 소상	=	仔細 자세		周旋 주선	=	斡旋 알선
淳朴 순박	=	素朴 소박		天地 천지	=	乾坤 건곤
順從 순종	=	服從 복종		滯留 체류	=	滯在 체재
視野 시야	=	眼界 안계		招待 초대	=	招請 초청
始祖 시조	=	鼻祖 비조		寸土 촌토	=	尺土 척토
弱點 약점	=	短點 단점		他鄕 타향	=	他官 타관
永眠 영면	=	別世 별세		土臺 토대	=	基礎 기초
要請 요청	=	要求 요구		畢竟 필경	=	結局 결국
威脅 위협	=	脅迫 협박		學費 학비	=	學資 학자
類似 유사	=	恰似 흡사		海外 해외	=	異域 이역
一毫 일호	=	秋毫 추호		戲弄 희롱	=	籠絡 농락
才能 재능	=	才幹 재간				
嫡出 적출	=	嫡子 적자				
戰歿 전몰	=	戰死 전사				
精誠 정성	=	至誠 지성				